WISSENSCHAFTLICHE BEITRÄGE
AUS DEM TECTUM VERLAG
Reihe Politikwissenschaften

WISSENSCHAFTLICHE BEITRÄGE
AUS DEM TECTUM VERLAG

Reihe Politikwissenschaften

Band 19

Otto Markus Carstens

Europäische Parteien

Wirkungsvolle Akteure der Demokratie?

Tectum Verlag

Otto Markus Carstens

Europäische Parteien.
Wirkungsvolle Akteure der Demokratie?
Wissenschaftliche Beiträge aus dem Tectum Verlag:
Reihe: Politikwissenschaften; Bd. 19
ISBN: 978-3-8288-9928-5
ISSN: 1861-7840
Umschlagabbildung: istockphoto.com © dem10

Besuchen Sie uns im Internet
www.tectum-verlag.de

Bibliografische Informationen der Deutschen Bibliothek
Die Deutsche Bibliothek verzeichnet diese Publikation in der Deutschen Nationalbibliografie; detaillierte bibliografische Angaben sind im Internet über http://dnb.ddb.de abrufbar.

Gliederung

A. Einleitung

Die Europäische Union hat sich im Laufe ihres Bestehens von einem reinen wirtschaftlichen Zweckbündnis hin zu einem staatsähnlichen Gebilde entwickelt.
Diese heutige Europäische Union, ob nun Staatenbund, Bundesstaat oder ein Staat sui generis wird langfristig gesehen nur Bestand haben, wenn sie Institutionen vorweisen kann, welche die Wünsche der Bürger berücksichtigen und hierdurch das noch vorherrschende Demokratiedefizit abgebaut wird.

Gerade mit der Vermehrung der Zuständigkeiten und der Verlagerung[1] von ursprünglich nationalstaatlich konzipierten Aufgaben auf eine supranationale Ebene, die dann vorliegt, wenn die Entscheidungsgewalt rechtliche Wirkungen aus sich heraus nicht nur den Mitgliedsstaaten gegenüber, sondern auch unmittelbar gegenüber den Bürgern entfaltet[2], wird auch die Forderung nach Demokratisierung der Europäischen Union und Legitimation der nun erheblich erweiterten europäischen Rechtssetzung dringlicher.

Da in den heutigen parlamentarischen Regierungssystemen westlicher Prägung, wie sie in fast allen europäischen Staaten vorherrschen, die Begehrlichkeiten der Bürger vornehmlich durch die Repräsentation durch die einzelnen politischen Parteien erfüllt werden, erscheint diese Art von Parteienstaat[3] oder Parteiendemokratie[4] auch für die Europäische Union die sinnvollste Lösung zu sein.

---

1 Ipsen, Europäisches Gemeinschaftsrecht, S. 545 ff.
2 Ipsen, Über Supranationalität, S. 211 ff; Haas, S. 32 ff; Magiera, EuR 1978, S. 311 (S. 318).
3 Valdés, S. 43 ff.
4 Seifert, S. 63 ff.

Durch Art. 191 (ex 138a) EGV wurde dieser Überlegung Rechnung getragen und die Stellung Politischer Parteien auf europäischer Ebene legitimiert.

Gestärkt durch diesen vertragsrechtlichen Rang gewinnen die Europäischen Parteien langsam immer mehr an Einfluss und entwickeln sich von einfachen Zusammenschlüssen zu wahren europäischen Parteien.

Doch wie werden diese europäischen politischen Parteien eigentlich definiert und wie sieht deren Finanzierung aus? Kann man ihre Eigenschaften und ihre Funktion einfach mit denen der herkömmlichen nationalen Parteien gleichsetzten oder muss man vielmehr eigene Merkmale verwenden?

Mit diesem Buch soll versucht werden diese Fragen zu beantworten, um so die politischen Parteien auf europäischer Ebene zu klassifizieren und somit ihr Wirken in der Europäischen Union besser verständlich zu machen.

Ferner soll zudem ein Überblick über die bereits bestehenden politischen Parteien auf europäischer Ebene gegeben werden, wobei insbesondere auf die Eigenarten und Besonderheiten der einzelnen Parteien eingegangen wird.

Weiterhin sollen die Möglichkeiten aber auch die Hindernisse der Einflussmöglichkeit dieser Parteien auf die politische Gestaltung aufgezeigt werden. Hier liegt das Hauptaugenmerk auf dem Europäischen Parlament als maßgeblicher Wirkungsstätte der Europäischen Parteien.

Hier haben sich die Parlamentarier der nationalen Parteien von den Nationalkonservativen bzw. Konservativen und Christdemokraten angefangen, über die Sozialdemokraten bzw. Sozialisten, über die Liberalen und die Grünen, bis hin zu den Kommunisten sowie den nationalistischen Europagegnern bereits zu Fraktionen innerhalb des Europäischen Parlaments zusammengefunden.

Diese Fraktionen, welche als tragende Säule der Europäischen Parteien anzusehen sind, werden in diesem Buch in ähnlicher Weise wie die Europäischen Parteien selbst dargestellt und ihr Wirken analysiert.

Abschließend folgt ein Ausblick in die zukünftige Entwicklung der Europäischen Parteien an sich und deren Rolle für die Zukunft der Europäischen Union.

B. Europäische politische Parteien

Die Formation europäischer Parteiorganisationen war schon früh als logisches Endziel der Zusammenarbeit der nationalen Parteien betrachtet worden.[5] Man wollte hierdurch dem Grundprinzip der Demokratie, dem Mehrparteienprinzip folgen.[6] Als normative Basis gilt Art. 191 EGV als maßgeblicher Parteienartikel der Europäischen Union. In diesem findet die Erkenntnis Ausdruck, dass die Konstituierung eines europäischen Parteiensystems eine wichtige Rolle für den europäischen Einigungsprozess spielt.[7]

I. Der Parteienbegriff und die Aufgaben von europäischen Parteien

Um aufzuzeigen was eine europäische Partei ausmacht und was genau ihre Aufgaben sind, ist zunächst zu klären was der Begriff „politische Partei" eigentlich allgemein bedeutet und ob man diesen generellen Begriff einfach auf die neuentstandenen europäischen Parteien anwenden kann. Hierbei ist es vollkommen unerheblich ob man die EU der Zukunft eher als Parteienstaat oder als Parteiendemokratie sieht.

Als Minimaldefinition einer Partei im Allgemeinen kann man sagen, dass eine Partei eine Gruppe gleich gesinnter Bürger ist, die sich die Durchsetzung gemeinsamer politischer Vorstellungen zum Ziel gesetzt haben.[8] Da diese Definition jedoch nur oberflächlicher Natur ist, muss man genauer hinsehen, um eine Definition einer Partei zu bekommen. Hierfür ist es sinnvoll zunächst ein Beispiel einer Parteiendemokratie oder eines Parteienstaates aus der nationalen Ebene herauszugreifen und an diesem den Begriff Partei zu analysieren.

Anschließend wird die europäische Ebene angegangen und mit den Erkenntnissen der politischen Parteien der nationalen Ebene in Beziehung gesetzt

---

5 Hahn/Fugmann, S. 329.

6 Hesse, S. 76 Rn. 171; Seifert, S. 107 ff.

7 Jansen, Die Entstehung einer Europäischen Partei, S.28.

8 Nohlen/Schultze, S. 616.

bzw. die speziellen Merkmale einer europäischen Partei aufgezeigt. Weiterhin werden die Aufgaben von politischen Parteien dargestellt. Wobei hier vornehmlich auf diejenigen der nationalen politischen Parteien Bezug genommen wird, um Ansatzpunkte für die Aufgaben der europäischen Parteien zu bekommen und um somit festzustellen, ob die theoretische und die praktische Bedeutung der nationalen Parteien mit derjenigen der europäischen Parteien vergleichbar sind.

1. Die nationale Dimension einer politischen Partei

Die Bundesrepublik Deutschland ist seit ihrer Gründung im Jahre 1949 ein Vorbild vieler Parteienstaaten geworden. Schon zu ihrer Gründungszeit wurden der Begriff und die Rolle der politischen Parteien in ihrer Verfassung verankert.

Da auch der Art. 191 EGV von den Regelungen des deutschen Grundgesetzes inspiriert wurde, erscheint es folglich sinnvoll sich die Regelungen in Deutschland genauer anzusehen.

Der Art. 21 GG der Bundesrepublik Deutschland in Verbindung mit dem dazugehörigen Parteiengesetz aus dem Jahre 1967 geht wesentlich weiter als eine oberflächliche Definition und gilt insgesamt als beispielhaft für einen Parteienstaat.

Der Artikel 21 GG lautet:

„Parteien wirken bei der politischen Willensbildung des Volkes mit. Ihre Gründung ist frei. Ihre innere Ordnung muss demokratischen Grundsätzen entsprechen. Sie müssen über die Herkunft und Verwendung ihrer Mittel sowie über ihr Vermögen öffentlich Rechenschaft geben.“

Die Verfassung Deutschlands garantiert somit ausdrücklich die Gründungsfreiheit von Parteien und stellt ihre herausgehobene Stellung im bundesrepublikanischen System dar.

Der Begriff der Partei selbst ist in § 2 I des Parteiengesetzes normiert:

„Parteien sind Vereinigungen von Bürgern, die dauernd oder für längere Zeit für den Bereich des Bundes oder eines Landes auf die politische Willensbildung Einfluss nehmen und an der Vertretung des Volkes im Deutschen Bundestag oder einem Landtag mitwirken wollen, wenn sie nach dem Gesamtbild der tatsächlichen Verhältnisse, insbesondere nach Umfang und Festigkeit ihrer Organisation, nach der Zahl ihrer Mitglieder und nach ihrem Hervortreten in der Öffentlichkeit eine ausreichende Gewähr für die Ernsthaftigkeit dieser Zielsetzung bieten. Mitglieder einer Partei können nur natürliche Personen sein."

Durch diesen gefassten Parteienbegriff wurde festgelegt, wer sich an der Wahl beteiligen kann und wer in den Genuss von öffentlichen Finanzierungen kommen konnte.[9]

Die Aufgaben einer politischen Partei werden in § 1 II des Parteiengesetzes beschrieben:

„Die Parteien wirken an der Bildung des politischen Willens des Volkes auf allen Gebieten des öffentlichen Lebens mit, indem sie insbesondere

- auf die Gestaltung der öffentlichen Meinung Einfluss nehmen,
- die politische Bildung anregen und vertiefen,
- die aktive Teilnahme der Bürger am politischen Leben fördern,
- zur Übernahme öffentlicher Verantwortung befähigte Bürger heranbilden,
- sich durch Aufstellen von Bewerbern an den Wahlen in Bund, Ländern und Gemeinden beteiligen,

---

9 von Alemann S. 86.

- auf die politische Entwicklung in Parlament und Regierung Einfluss nehmen,

- die von ihnen erarbeiteten politischen Ziele in den Prozess der staatlichen Willensbildung einführen und

- für eine ständige Verbindung zwischen dem Volk und den Staatsorganen sorgen."

Zusammenfassend kann man somit für eine politische Partei auf nationaler Ebene festhalten, dass Parteien auf Dauer angelegte, freiwillige Organisationen sind, die politische Partizipation für Wähler und Mitglieder anbieten und diese in politischen Einfluss transformieren, indem sie politisches Personal selektieren, was wiederum zur politischen Integration und zur Sozialisation beiträgt und zur Selbstregulation führen kann, um damit die gesamte Legitimation des politischen Systems zu befördern.[10]

2. *Die europäische Dimension einer politischen Partei*

Die Formation europäischer Parteiorganisationen war schon früh als logisches Endziel der Zusammenarbeit der nationalen Parteien betrachtet worden.[11]
Man wollte hierdurch dem Grundprinzip der Demokratie, dem Mehrparteienprinzip folgen.[12]

Als normative Basis gilt Art. 191 EGV als maßgeblicher Parteienartikel der Europäischen Union.

---

10 von Alemann S. 11.

11 Hahn/Fugmann, S. 329.

12 Hesse, S. 76 Rn. 171; Seifert, S. 107 ff.

Der Art. 191 EGV lautet:

„Politische Parteien auf europäischer Ebene sind wichtig als Faktor der Integration in der Union. Sie tragen dazu bei, europäisches Bewusstsein herauszubilden und den politischen Willen der Bürger der Union zum Ausdruck zu bringen. Der Rat legt gemäß dem Verfahren von Art. 251 die Regelungen für die politischen Parteien auf europäischer Ebene und insbesondere die Vorschrift über ihre Finanzierung fest."

In diesem Artikel findet die Erkenntnis Ausdruck, dass die Konstituierung eines europäischen Parteiensystems eine wichtige Rolle für den europäischen Einigungsprozess spielt.[13]

Lange Zeit war man sich jedoch unklar, welche Voraussetzungen eine Partei erfüllen müsste, um als europäische politische Partei angesehen zu werden. Die Maßstäbe einer nationalen politischen Partei in diesem Zusammenhang einfach Eins zu Eins heranzuziehen, erschien aufgrund der Eigenarten der Europäischen Union als undienlich und es bedurfte somit eigener Definitionsmerkmale einer europäischen politischen Partei.[14]

Zwar lieferte Art. 191 EGV durch seinen Wortlaut, welcher die Existenz politischer Parteien auf europäischer Ebene voraussetzte und ihnen die Funktion als Faktor der Integration zuwies, sowie ihre Bedeutung zum Herausbilden eines europäischen Bewusstseins und dem Ausdrücken des politischen Willens der Bürger unterstrich, Ansätze, jedoch keine genauen Voraussetzungen einer europäischen politischen Partei.

Am 19. Juni 2003 verabschiedete das Europäische Parlament jedoch die zwischen ihm und dem Rat ausgehandelte „Verordnung über die Satzung und Finanzierung europäischer politischer Parteien"[15]. Durch dieses sogenannte Parteienstatut sind nun bestimmte Voraussetzungen zu erfüllen, um

---

13 Jansen, Die Entstehung einer Europäischen Partei, S.28.

14 Tsatsos, Europäische Politische Parteien, S.27 ff.

15 Verordnung (EG) Nr. 2004/2003 des Europäischen Parlaments und des Rates, Abl. EU L 297 vom 04.11.2003.

den Status einer europäischen politischen Partei zuerkannt zu bekommen und in den Genuss der entsprechenden Vorzüge zu gelangen.
Diese Verordnung trat im Februar 2004 in Kraft und enthält neben den Voraussetzungen zur Definition als europäischer Partei noch Regeln zur Finanzierung einer solchen.

Für die Registrierung muss eine Partei nun im Europäischen Parlament oder in nationalen oder regionalen gesetzgebenden Versammlungen in zumindest einem Viertel der Mitgliedstaaten vertreten sein oder in mindestens einem Viertel der Mitgliedstaaten bei der letzten Wahl zum Europäischen Parlament wenigstens 3% der Wählerstimmen erhalten haben. Die Tätigkeiten der politischen Parteien auf europäischer Ebene müssen darüber hinaus mit den Grundsätzen der Freiheit und der Demokratie, den Menschenrechten und Grundfreiheiten sowie der Rechtstaatlichkeit in Einklang stehen. Zudem muss die Partei Rechtspersönlichkeit in dem Staat besitzen, in dem sie ihren Sitz hat.[16]

Die Aufgaben europäischer Parteien werden jedoch in diesem Parteienstatut nicht so klar dargestellt wie die Aufgaben der politischen Parteien auf nationaler Ebene in den entsprechenden Statuten. Dennoch lassen sich für europäische Parteien aus dem Art. 191 EGV und der „Verordnung über die Satzung und Finanzierung europäischer politischer Parteien“[17] generelle Aufgaben ableiten.

Politische Parteien auf europäischer Ebene stellen folglich einen Faktor der Integration dar, sie sollen demgemäß das europäische Bewusstsein heranbilden und den politischen Willen der Bürger artikulieren. Ferner sollen sie den politischen Dialog mit dem Wähler führen und an Wahlen teilnehmen, um so das staatliche Handeln der EU zu legitimieren.[18]

---

16 Verordnung (EG) Nr. 2004/2003 des Europäischen Parlaments und des Rates, Abl. EU L297 vom 04.11.2003.

17 Verordnung (EG) Nr. 2004/2003 des Europäischen Parlaments und des Rates, Abl. EU L 297 vom 04.11.2003.

18 Hesse S. 169.

3. *Zwischenresümee und Ausblick in weitere Entwicklungen für die europäischer Parteien*

Bei dem Vergleich der Realitäten auf den unterschiedlichen Ebenen wird deutlich, dass die nationale Ebene einen Ist-Zustand beschreibt, der Eins zu Eins in den Nationalstaaten im allgemeinen bzw. in Deutschland im speziellen gelebt wird, während auf europäischer Ebene bisher lediglich eine Wunschvorstellung dargestellt wird, da hier die Parteien nicht ansatzweise in der Lage sind, die ihnen übertragenen Aufgaben zu erfüllen.[19]

Zwar sind die Merkmale einer europäischen politischen Partei nun durch das sogenannte Parteienstatut definiert, es bleibt jedoch abzuwarten, ob es demnächst auch einen echten Aufgabenkatalog für diese europäische Parteien geben wird, der deren Funktion genauer beschreiben wird oder ob man deren Funktion weiter nur generell aus dem Art. 191 EGV und dem Parteienstatut ableiten muss.

Es erscheint jedoch ziemlich fraglich, ob sich die Aufgaben einer nationalen politischen Partei einfach so auf die europäische Ebene hochbrechen lassen, wie es ähnlich mit der generellen Rolle politischer Parteien in Deutschland aus Art. 21 GG und Art. 191 EGV für die Europäische Union geschehen ist. Es erscheint vielmehr sinniger, einen eigenen Katalog für eine Funktionsbestimmung für europäische Parteien zu erstellen, der deren spezielle Struktur als europäische Parteien gerecht wird.

Es muss somit geklärt werden, inwieweit sich die Funktionen europäischer politischer Parteien von denen nationaler Parteien unterscheiden.

Die nationalen Parteien werden als eine Art Verbindungselement zwischen Staat und Gesellschaft gesehen. Ihnen kommen folgende Aufgaben zu: Politische Parteien auf nationaler Ebene müssen ein politisches Programm vorlegen, dessen Forderungen im Wege der Teilnahme an politischer Willensbildung verwirklicht werden soll. Sie müssen dementsprechend an Wahlen überhaupt teilnehmen und nach unmittelbarer Beteiligung an der politischen Willensbildung in den Parlamenten streben. Ferner müssen sie

---

19 Neßler, Europäische Willensbildung, S. 49.

ein Minimum an ausgebauter Organisation, verbunden mit einer Rechtsform, die wesensmäßig auf Dauer ausgerichtet ist, vorweisen.[20]

Die europäischen Parteien hingegen arbeiten bisher hauptsächlich mittelbar. Sie selbst stehen zu keiner Wahl. Der Bürger hat stets nur die Möglichkeit die nationalen Parteien bei der Europawahl zu wählen. Auch das Programm für eine Legislaturperiode wird bisher auf nationaler Ebene in jedem Mitgliedsstaat der EU einzeln zusammengestellt.
Allerdings besteht zumindest bei jeder europäischen Partei ein Grundsatzprogramm, welches die allgemeinen Grundsätze der als richtig empfundenen Politik der jeweiligen europäischen Parteien zusammenfasst. Zudem können die einzelnen europäischen Parteien nicht in dem Maße auf die Gestaltung der Politik der EU Einfluss nehmen, wie es den einzelnen nationalen Parteien möglich ist, da sie im Europäischen Parlament keine Möglichkeit der Regierungsbildung besitzen.
Vielmehr als auf nationaler Ebene ist es notwendig Kompromisse mit den anderen europäischen Parteien zu schließen, um so an Einfluss und Gewicht im Kontrast zu den Mitgliedstaaten und dem Rat zu gewinnen. Die Organisation europäischer Parteien ist ferner nur insoweit geregelt, dass sie in dem Land Rechtspersönlichkeit besitzen müssen, in denen sie ihren Sitz haben.

Da die europäischen Parteien jedoch ihren Sitz in unterschiedlichen Mitgliedsstaaten der EU haben, besteht auch eine Mehrzahl an in Frage kommenden nationalen rechtlichen Regelungen und somit auch an Rechtspersönlichkeiten für die unterschiedlichen europäischen Parteien.

Zurzeit haben die meisten europäischen Parteien ihren Sitz zwar in Brüssel und sind folglich in ihrer Mehrzahl dem dortigen nationalem Recht unterworfen.
Es bestehen in Belgien jedoch verschiedene Möglichkeiten der Rechtspersönlichkeit für politische Parteien. Die europäischen Parteien, welche in Brüssel ihren Sitz haben, haben entweder für die Rechtsform einer Vereinigung ohne Erwerbszweck nach belgischem Recht oder für die Rechtsform einer internationalen Vereinigung ohne Erwerbszweck optiert.

---

20 Lohmar S. 4.

Eine Einheitlichkeit der Rechtspersönlichkeiten der europäischen Parteien ist demgemäß bisher nicht gegeben.

Für eine homogene Stellung der europäischen Parteien ist es für die Zukunft wünschenswert, dass sich die verschiedenen Parteien nach gleicher Art gestalten und entsprechend ein und dieselbe Form der Rechtspersönlichkeit besitzen. Entsprechendes wird auch von Jo Leinen in seinem Bericht gefordert, welcher eine Möglichkeit einer auf dem Gemeinschaftsrecht basierenden und in den Mitgliedsstaaten Wirkung entfaltenden Rechtspersönlichkeit vorsieht.[21]

Der zukünftige Aufgabenkatalog für europäische Parteien muss zum einen den speziellen Gegebenheiten der Parteien auf europäischer Ebene gerecht werden, er darf aber zum anderen auch nicht vernachlässigen, dass auch die europäischen Parteien die Wahrnehmung durch die Öffentlichkeit brauchen, um der hohen Stellung gerecht zu werden, die politischen Parteien in einem Parteienstaat bzw. in einer Parteiendemokratie zukommen.

Nur durch eine Verstärkte Wahrnehmung der europäischen Parteien als eigenständige Parteien sind ihre schon jetzt erkennbaren generellen Aufgaben aus Art.191 EGV und dem Parteienstatut zu erfüllen.

Sie können niemals einen Faktor der Integration darstellen und so das europäische Bewusstsein heranbilden oder den politischen Willen der Bürger artikulieren und den politischen Dialog mit dem Wähler führen, wenn die Bürger der europäischen Mitgliedsstaaten sie als Parteien noch nicht einmal kennen, sondern stets nur der Meinung sind, dass es die nationalen Parteien sind, mit denen sie agieren.

---

21 Entschließung des Europäischen Parlaments zu Europäischen Politischen Parteien (2005/2224(INI)) vom 10.04.2006.

II. Gründe des Zusammenschlusses von politischen Parteien auf europäischer Ebene

Der Hauptgrund des Zusammenschlusses nationaler Parteien hin zu europäischen Parteien liegt vornehmlich in der Europäisierung der Probleme eines Staates.

Diese bringt die Europäisierung der politischen und wissenschaftlichen Analyse dieser Probleme mit sich, welche mittelbar zum Zusammenschluss nationaler Parteien zu europäischen Parteienföderationen führt.

Die Kausalität hierfür ist zwangsläufig, wenn die Lösung sozialer Probleme zwangsweise und aus der Natur der Sache bedingt europaweit und supranational konzipiert sein soll, sich auch die Unterstützer dieser verschiedenartigen Lösungen europaweit und infolgedessen supranational zusammenzufinden haben.

Umso mehr Entscheidungen also auf einer anderen Ebene als der des nationalen politischen Systems getroffen werden, desto mehr wird es erforderlich, dass die nationalen Parteien auch auf dieser Ebene organisatorisch und programmatisch präsent sind.[22]

Als Nebengrund ist jedoch auch zu nennen, dass die Parteibünde eine Basis der Parteiorganisation für die Fraktionen im Europäischen Parlament darstellen,[23] welche die Fraktionen in ihrer parlamentarischen Arbeit unterstützen können und eine Rückkopplung der Fraktionen mit dem nationalen politischen System gewährleisten.[24]

---

22 Hrbek, Die direkte Wahl zum Europäischen Parlament und die politischen Parteien in der Europäischen Gemeinschaft, S. 112.

23 Hrbek, Die direkte Wahl zum Europäischen Parlament und die politischen Parteien in der Europäischen Gemeinschaft, S. 112.

24 Hrbek, ZParl 1976, S. 179 (S. 180).

III. Finanzierung der europäischen Parteien

Nachdem über Jahre die Finanzierung europäischer politischer Parteien vornehmlich über die Bezüge der Fraktionen im Europäischen Parlament vonstatten ging,[25] dies jedoch nicht mit den rechtlichen Grundsätzen vereinbar war,[26] teilen sich gemäß der „Verordnung über die Satzung und Finanzierung europäischer politischer Parteien“ diejenigen Parteien, welche als europäische Parteien anerkannt werden 10,5 Millionen Euro, die im derzeitigen EU-Haushaltsplan für 2007 veranschlagt sind. 15% dieser Mittel kommen allen registrierten europäischen Parteien zu gleichen Teilen zugute, während die restlichen 85% proportional zu der Anzahl der Europaparlamentarier den entsprechenden europäischen Parteien zukommen.

Zudem sollen die Parteien zumindest zum Teil ihre Finanzierung durch eigene Mitgliedsbeiträge und Spenden erwirken.
Dieser Anteil steht jedoch hinter dem staatlichen Anteil der Finanzierung zurück, was kritisch mit dem Grundsatz der Staatsfreiheit gesehen werden kann.[27]

Ferner werden die europäischen Parteien durch dieses Parteienstatut in einem sehr starken Maße an das Europäische Parlament angebunden, da diesem gem. Art. 3 die Aufsicht über die Einhaltung der Voraussetzungen, gem. Art 4 die Antragsprüfung auf Finanzierung und gem. Art 5 einer gegebenenfalls nötigen Nachprüfung sowie gem. Art 5 die Ausführung und die Kontrolle unter Einbeziehung des Europäischen Rechnungshofes obliegt.

Kritisch könnte man freilich weiter anführen, dass durch dieses System zumeist nur die etablierten Parteien profitieren und neuere oder kleine Parteien es wesentlich schwerer haben werden eine Finanzierungshilfe ihrer Partei zu bekommen, wenn sie keine oder nur wenige Abgeordnete im Europäischen Parlament stellen können.[28]

---

25 Lehmann, S. 49 ff.

26 EuGH Les Verts/Europäisches Parlament, Rs. 294/83 = Slg.1986, S.1339 (S.1369 ff.).

27 Geerlings, RuP 2004, S. 38 (S. 38 ff).

28 von Arnim, NJW 2005, S. 247 (S. 249).

Dies könnte dadurch geschehen, dass das nationale Wahlrecht in einigen Mitgliedsstaaten es den kleineren Parteien erschwert in das Europäische Parlament einzuziehen und somit eine Partizipation an dem Großteil der öffentlichen Gelder, welche der Finanzierung der europäischen Parteien zugedacht sind, verhindert.

So würden die Stimmen für die kleineren deutschen Parteien, z.B. der FDP und der Grünen, beim Scheitern derselben an der deutschen 5 %-Hürde so gut wie unberücksichtigt bleiben, obwohl ansonsten die beiden entsprechenden europäischen Parteien im Europäischen Parlament vertreten sind, nur dass die deutschen Abgeordneten fehlen und für diese dementsprechend keine Gelder an die europäischen Parteien fließen würden.

Ein einheitliches Wahlrecht in der gesamten Europäischen Union für die Wahlen zum Europäischen Parlament würde diese Ungleichbehandlung allerdings aufheben können bzw. zumindest minimieren und somit die Kritik an der derzeitigen Finanzierung entkräften.

IV. Fazit zu den Bestimmungen für die Europäischen Parteien

Zusammenfassend kann man insgesamt feststellen, dass man sich bei dem Phänomen der europäischen Parteien zwar an nationalen Parteien und den für sie geltenden Regelungen orientieren kann, deren Merkmale und Funktionen jedoch nicht einfach auf die europäische Ebene hochzubrechen sind. Vielmehr bedurfte es stets bzw. bedarf es noch immer einer europäischen Auslegung, die die speziellen Gegebenheiten der Europäischen Union berücksichtigen.

Ferner ist im speziellen festzuhalten, dass die politischen Parteien auf europäischer Ebene zwar nicht oder noch nicht den Status besitzen, den ihre Pendants auf nationaler Ebene inne haben.

Aber die Erlassung eines Parteienstatuts in Form der „Verordnung über die Satzung und Finanzierung europäischer politischer Parteien“ hat ihre Stellung gefestigt und erstmals eine eindeutige Definition einer europäischen Partei festgelegt.

Zudem besitzen die europäischen Parteien nun durch die hauptsächliche Finanzierung aus dem Haushalt der EU eine pekuniäre Bestandsgrundlage, die ihre Organisation und ihre Tätigkeiten für die nächste Zeit sicher stellt.

Unterstützend wird in diesem Zusammenhang auch der Bericht von Jo Leinen wirken, der die Finanzierung der europäischen Parteien durch die EU einem ihnen mehr gerecht werdenden Prozedere anpassen möchte.[29]

Die Institution der politischen Parteien auf europäischer Ebene ist folglich bisher als Stütze der EU auf ihrem Weg in einen Parteienstaat bzw. in eine Parteiendemokratie zu nennen. Wobei abzuwarten bleibt, ob auch die Zukunft der europäischen Parteien sich in diesem Sinne gestaltet.

So bedarf es noch eines genauen Aufgabenkataloges dieser Parteien, wobei die den Parteien zur Verfügung gestellten Mittel dann auch ausreichend sein müssen, um diese Aufgaben zu erfüllen.

Nur hierdurch könnten die europäischen Parteien weiter unterstützend wirken, sodass die EU dauerhaft auf ihrem Weg gehalten und in ihrem Bemühen um Demokratie auf europäischer Ebene gestärkt wird.

Falls die Rolle der europäischen Parteien jedoch nicht in dieser Form weiterentwickelt wird, könnten diese Parteien auf europäischer Ebene bald vielmehr nur als eine Art Fassade wirken, mit der nur verstärkt vom dann weiterhin vorherrschenden Demokratiedefizit in Europa abgelenkt werden soll.

---

29 Entschließung des Europäischen Parlaments zu Europäischen Politischen Parteien (2005/2224(INI)) vom 10.04.2006.

V. Die wichtigsten europäischen Parteien im Überblick

Inzwischen haben sich bereits einige europäische politische Parteien gegründet, welche jeweils über eigene Satzungen bzw. Statuten verfügen.
Die bisher gegründeten europäischen Parteien kann man grob den üblichen politischen Strömungen der nationalen Pendants zuordnen, wobei jedoch stets europäische Besonderheiten vorhanden sind.
Vornehmlich die Fraktionen im Europäischen Parlament förderten seit ihrer Gründung die Zusammenarbeit der einzelnen Parteien, welche die Abgeordneten im Parlament stellten, um die Kooperation und Koordinierung zu stärken.[30]

Die folgende Reihenfolge richtet sich somit nach der Fraktionsstärke nach den letzten Wahlen zum Europäischen Parlament im Juni 2004.

1. Europäische Volkspartei – EVP

a) Gründung und Mitgliedschaft

Die Europäische Volkspartei (EVP)[31] ist ein Zusammenschluss christlich-demokratischer-, konservativ-bürgerlicher- sowie Bauernparteien in der Europäischen Union und wurde am 8. Juli 1976 in Luxemburg gegründet.
Die EVP unterscheidet zwischen Vollmitgliedern, assoziierten Parteien und dem Beobachterstatus, sowie Individualmitgliedern und Förderern, welche jedoch von der Anzahl außer Acht gelassen werden können.
Mittlerweile sind 52 nationale Parteien aus den Mitgliedstaaten der Europäischen Union sowie anderen europäischen Ländern Mitglieder der EVP. Hierdurch ist die EVP in 30 Ländern vertreten.

Seit 1990 ist der ehemalige Ministerpräsident Belgiens Wilfried Martens ihr Präsident.

---

30 Haas, S. 437 ff; Hrbek, Europäische Parteienföderationen, S. 221; Jansen, Die europäischen Parteien, S. 257 ff.

31 Für den Abschnitt: vgl. Homepage der EVP http://www.epp.eu.

aa) Vollmitglieder

Vollmitglied der Europäischen Volkspartei können christlich-demokratische und ihnen programmatisch nahestehende Parteien werden, wenn sie in den Mitgliedstaaten der Europäischen Union beheimatet sind, sich das politische Programm der EVP zu eigen machen und die Satzung der EVP annehmen.

Mitgliedsparteien der EVP:

Centre Démocrate Humaniste (CDH)	Belgien
Christen-Democratisch & Vlaams (CD&V)	Belgien
Det Konservative Folkeparti (KF)	Dänemark
Kristendemokraterne (KD)	Dänemark
Christlich Demokratische Union (CDU)	Deutschland
Christlich-Soziale Union (CSU)	Deutschland
Isamaaliit, Pro Patria Union (IL)	Estland
Res Publica (RP)	Estland
Kansallinen Kokoomus (KOK)	Finnland
Union pour un Mouvement Populaire (UMP)	Frankreich
Νέα Δημοκρατία (ND)	Griechenland
Fine Gael (FG)	Irland
Popolari Udeur (PU)	Italien
Forza Italia (FI)	Italien
Unione dei Democratici Cristiani (UDC)	Italien
Jaunais laiks (JL)	Lettland
Tautas Partija (TP)	Lettland
Lietuvos Krikscionys demokratai (LKD)	Litauen
Tevynes sajunga/konservatoriai (TS-LK)	Litauen
Chrëschtlech Sozial Vollekspartei (CSV)	Luxemburg
Partit Nazzjonalista (PN)	Malta
Christen Democratisch Appèl (CDA)	Niederlande
Österreichische Volkspartei (ÖVP)	Österreich
Platforma Obywatelska Rzeczpospolit. P. (PORP)	Polen
Polskie Stronnictwo Ludowe (PSL)	Polen
Partido Social Democrata (PSD)	Portugal
Kristdemokraterna (KD)	Schweden
Moderaterna (M)	Schweden
Krestanskodemokraticke Hnutie (KDH)	Slowakei
Slovenská demokr. a kres'anská únia (SDKÚ)	Slowakei

Strana Madarskej koalície (SMK)	Slowakei
Nova Slovenija - Kršèanska ljudska stranka (NSI)	Slowenien
Slovenska Demokratska Stranka (SDS)	Slowenien
Slovenska Ljudska Stranka (SLS)	Slowenien
Krest`anská a demokratická unie (KDU-CSL)	Tschechien
Fidesz Magyar Polgári Párt (Fidesz-MPP)	Ungarn
Magyar Demokrata Fórum (MDF)	Ungarn
Partido Popular (PP)	Spanien
Unio Democràtica de Cataluña (UDC)	Spanien
Δημοκρατικός Συναγερμός (DR)	Zypern

bb) Assoziierte Mitglieder

Assoziierte Mitglieder können Parteien werden, sofern sie in einem Land beheimatet sind, welches einen Antrag auf Mitgliedschaft in der Europäischen Union gestellt hat, sowie sie die sonstigen Bedingungen der Vollmitgliedschaft erfüllen und sich als dauerhafte politische Kraft etabliert haben.

Ausnahmen bilden die norwegische Høyre Partei und die Schweizer CVP sowie die Schweizer Evangelische Volkspartei. Bei diesen wurden die Voraussetzungen bewusst sehr weit ausgelegt, um diese Parteien aufgrund ihrer eher positiven Haltung zur Europäischen Union noch näher an die EVP zu binden.

Die assoziierten Mitglieder sind den Vollmitgliedern in der EVP gleichberechtigt. Eine Ausnahme bildet bloß, dass sie bei Beschlüssen, die die Politik und Struktur der Europäischen Union sowie ihr institutionelles System betreffen, nicht mitwirken dürfen.

Assoziierte Parteien in der EVP:

Democrats for a Strong Bulgaria (DSB)	Bulgarien
Демократи партия (DP)	Bulgarien
Дискусионен сайт на Експертния С. (BANU)	Bulgarien
Съюз на демократичните сили (UDF)	Bulgarien
Демократска странка Србије (DSS)	Jugoslawien
G17Plus (G17)	Jugoslawien
Hrvatska Demokratska Zajednica (HDZ)	Kroatien

Høyre (H)	Norwegen
Partidul Natio.Taranesc Crest.Democr.(PNTCD)	Rumänien
Romániai Magyar Demokr. Szövetség(RMDSZ)	Rumänien
Christlichdemokratische Volkspartei (CVP)	Schweiz
Evangelische Volkspartei (EVP)	Schweiz

Neben den erwähnten nationalen Parteien können auch Vereinigungen den Status eines assoziierten Mitglieds erhalten.
Dies setzt jedoch voraus, dass nationale Sektionen der Vereinigung in mindestens der Hälfte der Mitgliedstaaten der Europäischen Union bestehen. Die Tätigkeit der Vereinigung sollte sich am EVP Programm orientieren und muss sich zudem auf der Grundlage einer Satzung vollziehen, in der die Verantwortlichkeiten und Vertretungsrechte geregelt sind.

Die Vereinigungen in der EVP genießen das gleiche Stimmrecht wie die assoziierten Parteien.

Assoziierte Vereinigungen in der EVP:

Europ. Kommunal-und Regionalpolit. Vereinigung	(EKRPV)
Europ. Mittelstands- und Wirtschaftsvereinigung	(EMWV)
Europäische Seniorenunion	(ESU)
Europ. Union Christlich-Demokrat. Arbeitnehmer	(EUCDA)
European Democrat Students	(EDS)
Frauenvereinigung der EVP	(FVE)
Youth of the European People's Party	(YEPP)

cc) Mitglieder mit Beobachterstatus

Den Beobachterstatus können der EVP nahestehende Parteien aus Mitgliedsländern der Europäischen Union und Parteien, deren Heimatländer einen Antrag auf Mitgliedschaft in der Europäischen Union gestellt haben, erlangen, und/oder aus Staaten stammen, die dem Stabilitätspakt angehören.
Die Parteien mit Beobachterstatus haben innerhalb der EVP keine Rechte, werden aber zu einigen Sitzungen eingeladen.

Parteien im Beobachterstatus:

Partia Demokrate e Re (PDR)	Albanien
Partia Demokratike e Shqipërisë (PDSH)	Albanien
United Civil Party (UCP)	Belarus
Belarusan Popular Front (BPF)	Belarus
Hrvatska Demokr.Zajednica BiH(HDZBiH)	Bosnien-Herz.
Partija Demokratskog Progresa (PDP)	Bosnien-Herz.
Stranka Demokratske Akcije (DA)	Bosnien-Herz.
Suomen Kristillisdemokraatit (SKD)	Finnland
Südtiroler Volkspartei (SVP)	Italien
Демохришћанска странка Србије(DSS)	Jugoslawien
Demokratski Centar (DC)	Kroatien
Hrvatska Seljacka Stranka (HSS)	Kroatien
Partidul Popular Crestin Democrat (PPCD)	Moldawien
Kristelig Folkeparti (KrF)	Norwegen
Democratic Party (DP)	Rumänien
Partito Demo.Crist.Sammarinese(PDCS)	San Marino
Adalet ve Kalkinma Partisi (AKP)	Türkei
People's Movement of Ukraine (PMU)	Ukraine
People's Union Our Ukraine (PUU)	Ukraine

b) Besonderheiten

Als Besonderheit der EVP ist zu nennen, dass sie durch ihre Öffnung nach dem Prinzip “Towards the Majority“ für Parteien anderer Traditionen, welche nicht unbedingt christlich-demokratische Wertevorstellungen als Hauptantrieb ihrer Politik sehen, einen enormen Vorteil in einem immer größer werdenden Europa gegenüber den anderen europäischen Parteien erzielte.

Die EVP konnte durch diese Öffnung 1999 sogar die SPE als stärkste Fraktion im Europäischen Parlament ablösen und diese Stellung bis heute behaupten.
Diese Öffnung barg jedoch auch Nachteile in sich, so ist die EVP von ständigen Flügelkämpfen geprägt, da die einzelnen Mitgliedsparteien von konservativen Sozialdemokraten aus Portugal über die liberalen Christdemokraten Skandinaviens bis hin zu Berlusconis Forza Italia reichen.

Es ist auch hervorzuheben, dass das Vereinigte Königreich Großbritannien als einziges Land der Europäischen Union bis heute nicht in der EVP vertreten ist, weil die dortigen Konservativen bisher nur über die gemeinsame EVP-ED Fraktion im Europäischen Parlament mit der EVP verbunden sein wollen, da sie weitaus europakritischer sind als ihre Partner auf dem Kontinent.

Eine weitere Besonderheit der EVP besteht in der Mitgliedschaft. So ist es prinzipiell auch jedem Bürger gestattet Mitglied der EVP zu werden ohne in die entsprechende nationale Partei einzutreten. Von dieser Möglichkeit wird jedoch nur selten Gebrauch gemacht, da die Einflussnahme eines Einzelmitglieds zu gering erscheint.

Allenfalls für Mitglieder von Parteien, die zwar der EVP-ED Fraktion im Europäischen Parlament, nicht jedoch der EVP selbst angehören, erscheint eine solche Individualmitgliedschaft als sinnig, da die Abgeordneten somit zum Einfluss auf die Politik der Fraktion auch Einfluss, wenn auch in sehr geringem Maße, auf die EVP bekommen.

Zudem ist hervorzuheben, dass die assoziierten Mitglieder gleichberechtigt bei allen Entscheidungen, außer denen, die explizit die Europäische Union betreffen, mitwirken dürfen.

Zusammen mit den Organisationen, welche ebenfalls assoziierte Mitglieder sind, machen die Assoziierten einen beträchtlichen Anteil der EVP aus und stellen eine wichtige Säule der politischen Arbeit dar. Gleichzeitig wird jedoch durch die beschränkten Rechte eine übergroße Machtstellung der Assoziierten verhindert.

2. Sozialdemokratische/Sozialistische Partei Europas – SPE

a) Gründung und Mitgliedschaft

Die Sozialdemokratische/Sozialistische Partei Europas (SPE)[32] ist der Zusammenschluss der sozialdemokratischen Parteien, der sozialistischen Parteien und der Arbeiterparteien Europas.

Die SPE wurde am 10. November 1992 in Den Haag gegründet und trat an die Stelle des bereits 1974 entstandenen Bundes der sozialdemokratischen Parteien der EG.

Die SPE wird aus der SPE Fraktion im Europäischen Parlament, zwei Vereinigungen in Form des ständigen Frauenausschusses der SPE und der Jugendorganisation ECOSY und nationalen Parteien gebildet. Bei letzteren differenziert die Satzung zwischen drei Typen: Mitgliedern, Assoziierten und Beobachtern.
Eine individuelle Mitgliedschaft hat die SPE bewusst nicht eingerichtet.

Heute zählt die SPE ohne die in den Rechten eingeschränkten assoziierten Parteien 35 Mitgliedsparteien aus 25 Mitgliedstaaten der Europäischen Union und Norwegen. In ihren Herkunftsländern verstehen sie sich ebenfalls als sozialdemokratische, sozialistische oder Arbeiterparteien.
Der Vorsitzende der SPE ist seit 2004 der ehemalige dänische Ministerpräsident und heutige Europaabgeordnete Poul Nyrup Rasmussen.

aa) Vollmitglieder

Die SPE definiert ihre Vollmitglieder aufgrund von zwei Kriterien: Zum einen müssen sie der Sozialistischen Internationale angehören und zum anderen in einem jetzigen oder in einem bereits für einen späteren Zeitpunkt akzeptierten Mitgliedstaat der Europäischen Union beheimatet sein.

---

32 Für den Abschnitt: vgl. Homepage der SPE http://www.pes.org.

Eine Ausnahme bildet die Norwegische Arbeiterpartei, da sich Norwegen gegen den Beitritt zur Europäischen Union entschied und die Partei bereits Vollmitglied war.

Mitgliedsparteien der SPE:

Parti Socialiste (PS)	Belgien
Socialistische Partij (SP)	Belgien
Българска Социалистическа Партия (BSP)	Bulgarien
Socialdemokratiet (SD)	Dänemark
Sozialdemokratische Partei Deutschlands (SPD)	Deutschland
Sotsiaaldemokraatlik erakond (SDE)	Estland
Suomen Sosialidemokraattinen Puolue (SDP)	Finnland
Parti Socialiste (PS)	Frankreich
Πανελληνίο Σοσίαλιστικό Κίνημα (PASOK)	Griechenland
Labour Party (LP)	Großbritannien
Social Democratic and Labour Party (SDLP)	Großbritannien
Labour Party (LP-IRL)	Irland
Democratici di Sinistra (DS)	Italien
Socialisti Democratici Italiani (SDI)	Italien
Latvijas Socialdemokrat.Stradnieku P.(LSDSP)	Lettland
Lietuvos Socialdemokratu Partija (LSDP)	Litauen
Lëtzebuerger Sozialistesch Arbechterp. (LSAP)	Luxemburg
Partit Laburista (MLP)	Malta
Partij van de Arbeid (PvdA)	Niederlande
Det Norske Arbeiderparti (DNA)	Norwegen
Sozialdemokratische Partei Österreichs (SPÖ)	Österreich
Sojusz Lewicy Demokratycznej (SLD)	Polen
Unia Pracy (UP)	Polen
Partido Socialista (PS)	Portugal
Partidul Social Democrat Român (PSD)	Rumänien
Partidul Democrat (PD)	Rumänien
Sveriges Socialdemokrat. Arbetareparti (SAP)	Schweden
Strana Demokratickej Lavice (SDL)	Slowakei
Socialnodemokrat. Strana Slovenska (SDSS)	Slowakei
Socialni demokrati (SD)	Slowenien
Partido Socialista Obrero Español (PSOE)	Spanien
Ceská strana sociálne demokratická (CSSD)	Tschechien
Magyar Szocialista Demokrata Párt (MSZDP)	Ungarn
Magyar Szocialista Párt (MSZP)	Ungarn

Κινήμα Σοσιαλδημοκρατών (EDEK) Zypern

bb) Assoziierte Mitglieder

Den Status als assoziierte Mitglieder können Mitgliedsparteien der Sozialistischen Internationale aus Beitrittsländern der Europäischen Union, den EFTA-Mitgliedstaaten oder aus Ländern, die ein Assoziierungsabkommen mit der Europäischen Union abgeschlossen haben, beantragen.

Die assoziierten Parteien werden zu einigen Sitzungen eingeladen, besitzen allerdings kein Stimmrecht.

Assoziierte Parteien in der SPE:

Партия Български социалдемократи (PBS)	Bulgarien
Socijal Demokratska Partija Hrvatske (SDP)	Kroatien
Социјалдемократ. сојуз на Македонија (SDSM)	Mazedonien
Sozialdemokratische Partei der Schweiz (SP)	Schweiz
Cumhuriyet Halk Partisi (CHP)	Türkei

cc) Mitglieder mit Beobachterstatus

Sozialdemokratische und sozialistische Parteien aus anderen europäischen Ländern, die demnach keinen Mitgliedschaftsantrag an die Europäische Union gestellt oder ein Assoziierungsabkommen abgeschlossen haben bzw. zur EFTA gehören, können bei der SPE Beobachterparteien werden.

Als einziger Mitgliedschaftstypus der SPE ist damit der Beobachterstatus nicht an die Mitgliedschaft in der Sozialistischen Internationale gebunden.

Nachdem die meisten mittel- und osteuropäischen Parteien, die heute Vollmitglieder sind, ab 1995 über den Beobachterstatuts und die Assoziation in die Sozialdemokratische Partei Europas integriert worden sind, ist die Liste der Beobachterparteien in den letzten Jahren immer kürzer geworden.

Interessanterweise legt die SPE das Merkmal „europäisches Land“, in welchem die nationale Partei beheimatet sein muss, politisch und nicht geographisch aus, was die Mitgliedschaft von israelischen Parteien im Beobachterstatus erklärt.

Parteien im Beobachterstatus:

Partit Socialdemòcrata (PS)	Andorra
Samfylkingin (S)	Island
העבודה (Avoda)	Israel
יחד-מרצ (Meretz-Jachad)	Israel
Partito dei Socialisti e dei Democratici (PSD)	San Marino

b) Besonderheiten

Durch die Sozialistische Internationale waren es die nationalen Parteien in der SPE gewohnt zusammenzuarbeiten und hatten im Gegensatz zu den anderen europäischen Parteien eine traditionelle Gemeinschaft in der Sozialistischen Internationalen als Grundlage.
Dieses zeichnet sich noch heute durch eine vergleichsweise Homogenität aus, welche sich nicht zuletzt, von Einzelfragen zur Wirtschaftspolitik und Sicherheitspolitik abgesehen, im zumeist einheitlichen Abstimmungsverhalten der Parlamentarier der SPE Fraktion im europäischen Parlament widerspiegelt.

Der Name der SPE enthält zudem eine Besonderheit. So wird je nach Mitgliedsland und deren Tradition sowie dem Politikverständnis der entsprechenden nationalen Partei wahlweise Sozialdemokratische mit Sozialistische Partei Europas als offizielle Bezeichnung ausgetauscht.
Dies eröffnet zwar theoretisch sämtlichen sozialistischen oder sozialdemokratischen Parteien die Mitgliedschaft in der SPE. Da aber, von dem Beobachterstatus einmal abgesehen, stets die Mitgliedschaft in der Sozialistischen Internationalen erforderlich ist, um in die SPE aufgenommen zu werden, bleibt die SPE somit vielen Parteien versperrt.
So findet sich z.B. die Sozialdemokratische Partei Portugals nicht in der SPE, sondern in der EVP.

3. Europäische Liberaldemokratische und Reform Partei – ELDR

a) Gründung und Mitgliedschaft

Die Europäische Liberaldemokratische und Reform Partei (ELDR)[33] ist ein Zusammenschluss liberaler Parteien in Europa. Die Grundwerte ihrer Politik sind geprägt von Freiheit, Demokratie, Rechtsstaatlichkeit, Menschenrechten, Toleranz und Solidarität.

Die ELDR wurde im Dezember 1993 in Torquay gegründet und versteht sich als Nachfolgerin der am 26. März 1976 in Stuttgart von 14 Parteien aus damals 7 EU-Mitgliedsstaaten und aus dem Vereinigten Königreich Großbritannien gegründeten Föderation der Europäischen Liberalen und Demokraten.

Ihren Mitgliederkreis gliedert die ELDR nach drei Typen: Parteien als Vollmitgliedern oder „angeschlossenen" Parteien, sowie Individuen.

Die ELDR orientiert sich bei ihren Mitgliedern zudem nicht an der Mitgliedschaft der Herkunftsländer der Parteien in der Europäischen Union, sondern steht allen politischen Parteien Europas grundsätzlich offen, wobei jede Partei zunächst den Status als angeschlossene Partei durchlaufen muss.

Präsidentin der ELDR, welcher zurzeit ohne die angeschlossenen Parteien 40 Mitgliedsparteien aus 27 Ländern angehören, ist seit dem 24. September 2006 die Belgierin Annemie Neyts-Uyttebroeck.

aa) Vollmitglieder

Die Vollmitglieder genießen volles Stimmrecht zu allen Politikbereichen, auch wenn ihr Herkunftsland nicht der Europäischen Union angehört.

---

33 Für den Abschnitt: vgl. Homepage der ELDR http://www.eldr.org.

Mitgliedsparteien der ELDR:

Democratische Allianz (DAP)	Albanien
Partit Liberal (PLA)	Andorra
Partij voor Vrijheid en Vooruitgang (VLD)	Belgien
Mouvement Rèformateur (MR)	Belgien
Liberale Demokratische Partei (LDS-BIH)	Bosnien-Herz.
Bewegung für Rechte und Freiheiten (MRF)	Bulgarien
Nationale Bewegung Simeon II (NMSS)	Bulgarien
Det Radikale Venstre (Rad Ven)	Dänemark
Venstre (Ven)	Dänemark
Freie Demokratische Partei (FDP)	Deutschland
Estnische Reform Partei – Liberale (ERP)	Estland
Estnische Zentrumspartei (CPE)	Estland
Keskusta (K)	Finnland
Svenska Folkpartiet (SF)	Finnland
Liberal Democrats (LIB DEMS)	Großbritannien
Alliance Party Northern Ireland (APNI)	Großbritannien
Progressive Democrats (PD)	Irland
I Radicali (IRAD)	Italien
Italia Dei Valori – Lista Di Pietro (LDV)	Italien
Movimento Republicani Europei (MRE)	Italien
Partito Repubblicano Italiano (PRI)	Italien
Liberale Partei Kosovo (PLK)	Jugoslawien
Liberale Serbiens (Libser)	Jugoslawien
Hrvatska Narodna Stranka (HNS)	Kroatien
Latvija's Cels (LC)	Lettland
Liberal and Centre Union (LaCU)	Litauen
Neue Union (NU)	Litauen
Demokratesch Partei (DP)	Luxemburg
Democraten 66 (D66)	Niederlande
Volkspartij voor Vrijheid en Democratie (VVD)	Niederlande
Liberales Forum (LIF)	Österreich
Partia Demokratyczna (PDem)	Polen
Partidul National Liberal (PNL)	Rumänien
Centerpartiet (CP)	Schweden
Folkpartiet Liberalerna (FL)	Schweden
Freisinnig-Demokrat. P. der Schweiz (FDP-PRD)	Schweiz
Aliancia nového obcana (ANO)	Slowakei
Liberal Democracy of Slovenia (LDS)	Slowenien
Szabad Demokraták Szövetsége (SDS)	Ungarn

Vereinigte Demokraten (UDM)	Zypern

Gemäß der Satzung der ELDR wird zudem auch der Jugendorganisation LYMEC der Status als Vollmitglied zugeschrieben.

bb) Angeschlossene Mitglieder

Angeschlossene Parteien besitzen in den Organen der ELDR kein Stimm-, sondern nur das Anwesenheitsrecht.

Angeschlossene Mitglieder der ELDR:

Gradjanski savez Srbije (CAS)	Jugoslawien
Istrian Democratic Assembly (IDS)	Kroatien
Croatian Social Liberal Party (HSLS)	Kroatien
Liberale Partei Mazedoniens (LPM)	Mazedonien
Liberal Democratic Party (LDP)	Mazedonien
Venstre (Ven)	Norwegen
Civic Democratic Alliance (ODA)	Tschechien
Convergència Democràtica (CDC)	Spanien
Unio Mallorquina (UM)	Spanien

b) Besonderheiten

Die ELDR ist geprägt von unterschiedlichen Strömungen, da sie versucht einen möglichst großen Mitgliederkreis und somit mehr Einfluss auf die Politik zu gewinnen.
Diesen erreichte die liberale Fraktion im Europäischen Parlament zu dem Preis, dass sie zum Sammelbecken von Parlamentariern unterschiedlichster Parteien wurde.

Dieses Problem wird stets immer wieder deutlich durch den Wechsel der Mitgliedsparteien der ELDR zu anderen europäischen Parteien. Insbesondere an die EVP verlor sie nach deren Öffnung für Parteien ohne christlichen Hintergrund Mitglieder, die in ihren Ländern und im Europäischen Parlament über Einfluss verfügten (u.a. die portugiesische PSD).

Als eine weitere Besonderheit ist auch bei der ELDR die Individualmitgliedschaft zu nennen.
Die Individualmitglieder besitzen zwar eine zentralere Rolle bei der ELDR, da diese hierdurch ihren Einsatz für die Bürgerrechte unterstreichen will, verfügen aber ebenso wie in der EVP über keine große Einflussmöglichkeit und sind deswegen von der Anzahl unbeachtlich geblieben.

Problematisch erscheint bei der ELDR zudem, dass zahlreiche Parteien die Politik der ELDR mitgestalten können, ohne dass diese von der supranationalen Herrschaftsausübung der Europäischen Union betroffen werden. Diese Mitglieder entscheiden somit zum Teil über Bereiche, die sie selbst nicht betreffen.

Andererseits kann die ELDR im Gegensatz zu den anderen europäischen Parteien gegenüber ihren Mitgliedsparteien wirkungsvoller Politik gestalten, da diese im Bezug auf die ELDR in bestimmten europapolitischen Bereichen auf ihre Souveränität verzichten müssen.

Dieser Souveränitätsverzicht bietet der ELDR zumindest die Möglichkeit, ihre Willensbildung in die Nationalstaaten zu transferieren.

4. Europäische Grüne Partei – EGP

a) Gründung und Mitgliedschaft

Die Europäische Grüne Partei (EGP)[34] ist der Zusammenschluss von grünen Parteien, welche vor allen Dingen ökologische und soziale Ziele verfolgen, denen die Grundwerte Gleichheit, Solidarität, Unabhängigkeit und Toleranz zu Grunde liegen.

Sie wurde am 22. Februar 2004 in Rom gegründet und versteht sich als Fortentwicklung der Europäischen Föderation Grüner Parteien.

Die EGP differenziert ihren Mitgliederkreis nach Mitgliedern und Beobachtern.

Ebenso besteht die Möglichkeit einer individuellen Mitgliedschaft, welche jedoch von der Anzahl her zu vernachlässigen ist und von deren Rechten eher als Unterstützung denn als Mitgliedschaft angesehen werden kann.

Zur EGP gehören heute 35 Mitgliedsparteien aus 31 Ländern Europas. Sprecher des Vorstands der EGP sind seit dem 05. Mai 2006 die Österreicherin Ulrike Lunacek und der Belgier Philippe Lamberts.

aa) Vollmitglieder

Vollmitglieder in die EGP müssen in einem Land oder einer Region Europas und somit nicht unbedingt in der Europäischen Union beheimatet sein und die Richtlinien sowie die Satzung der EGP anerkennen.

---

[34] Für den Abschnitt: vgl. Homepage der EGP http://www.europeangreens.org.

Mitgliedsparteien der EGP:

Groen!	Belgien
Ecolo	Belgien
Bulgarian Green Party	Bulgarien
De Grønne	Dänemark
Bündnis 90/Die Grünen	Deutschland
Eesti Rohelised	Estland
Vihreät	Finnland
Les Verts	Frankreich
Georgia Greens	Georgien
Ecologists Greens	Griechenland
The Green Party	Großbritannien
Scottish Green Party	Großbritannien
Comhaontas Glas	Irland
Federazione dei Verdi	Italien
Latvijas Zala Partija	Lettland
Déi Gréng	Luxemburg
Alternattiva Demokratika	Malta
De Groenen	Niederlande
GroenLinks	Niederlande
Miljöpartiet de Grønne	Norwegen
Die Grünen	Österreich
Zieloni 2004	Polen
Os Verdes	Portugal
The Green Party	Rumänien
Zelenaya Alternativa	Russland
Miljöpartiet de Gröna	Schweden
Grüne/Les Verts	Schweiz
Strana Zelenych na Slovensku	Slowakei
Stranka mladih Slovenije	Slowenien
Los Verdes	Spanien
Iniciativa per Catalunya-Verds	Spanien
Strana Zelenych	Tschechien
Partija Zelenych Ukrajiny	Ukraine
Zöld Demokraták Szövetsége	Ungarn
Cyprus Green Party	Zypern

bb) Mitglieder mit Beobachterstatus

Um als Beobachter in die EGP aufgenommen zu werden, hat eine Partei nur dem Grundsatzprogramm und nicht der Satzung zuzustimmen.

Die Jugendvereinigung der Europäischen Grünen, die Federation of Young European Greens, genießt ebenfalls Beobachterrechte, die jedoch, wie für alle im Beobachterstatus, auf die Teilnahme an den Kongressen und Ratstreffen ohne Stimmrecht beschränkt sind.

Parteien im Beobachterstatus:

Te Gjelberit/Greens of Albania	Albanien
Verds d'Andorra	Andorra
Socialistisk Folkeparti	Dänemark
Zeleni/Serbische Grüne	Jugoslawien
Partidul Ecologist„Alianta Verde"diu Maldova	Moldawien
The Union of Russian Greens ("Green Russia")	Russland
Yesiller - Greens of Turkey	Türkei

b) Besonderheiten

Im Vergleich zu den drei klassischen Parteienfamilien der Sozialdemokraten/Sozialisten, Christdemokraten/Konservativen und Liberalen/Demokraten bildeten die Europäischen Grünen in deutlich kürzerer Zeit ihre heutige Form heraus.[35]

Bemerkenswert ist zudem, dass die Grünen ohne eine internationale Tradition dennoch innerhalb dieser kurzen Zeit eine europäische Partei gründen konnten.

35 Dietz, S. 1 ff.

Unterstützend kam hier hinzu, dass die Idee des Umweltschutzes keine nationale, sondern stets eine internationale war.

Hervorzuheben ist ebenfalls, dass die EGP einer sehr großzügigen Auslegung der Grenzen Europas folgt und dementsprechend Europa in mehr als nur den Mitgliedern der Europäischen Union sieht, was sich nicht zuletzt in der Mitgliedschaft der Grünen Partei Russlands versinnbildlicht.

In der Satzung der EGP wird zudem festgelegt, dass die Europäischen Grünen nur von der Grünen Fraktion parlamentarisch repräsentiert werden.

Hintergrund dieser Bestimmung ist die Existenz einer zweiten Fraktion, die das Attribut „grün" im Namen trägt. Diese „Vereinigten Europäischen Linken – Nordische Grüne Linke" steht allerdings nicht in Verbindung zu der Europäischen Grünen Partei.

5. Europäische Linkspartei – EL

a) Gründung und Mitgliedschaft

Die Partei der Europäischen Linken (EL)[36] wurde am 8. Mai 2004 in Rom als Zusammenschluss von 15 europäischen Parteien aus dem linkssozialistischen und kommunistischen Spektrum gegründet.

Der EL können neben den Mitgliedsparteien, welche nicht unbedingt aus Ländern stammen müssen, die der Europäischen Union angehören, auch Individualmitglieder und Organisationen beitreten. Von den beiden letztgenannten ist die Anzahl jedoch äußerst gering.

Bei den Mitgliedsparteien wird zwischen Vollmitgliedern und Beobachtern unterschieden.

Der derzeitige Vorsitzende der EL ist der deutsche Kommunist Lothar Bisky.

aa) Vollmitglieder

Die Mitgliedschaft in der EL steht allen Parteien und politischen Organisationen in Europa offen, sofern sie den Prinzipien und den Statuten zustimmen.

Mitgliedsparteien der EL:

Parti Communiste (PC)	Belgien
Die Linke (Linke)	Deutschland
Eesti Vasakpartei (EVP)	Estland
Parti communiste français (PCF)	Frankreich

---

36 Für den Abschnitt: vgl. Homepage der EL http://www.european-left.org.

ΣΥΝΑΣΠΙΣΜΟΣ (SYN)	Griechenland
Partito della rifondazione comunista (PDRC)	Italien
déi lénk (lénk)	Luxemburg
Kommunistische Partei Österreichs (KPÖ)	Österreich
Bloco de Esquerda (BE)	Portugal
Partidul Alianta Socialista (PSA)	Rumänien
Rifondazione Comunista Sammarinese (RCS)	San Marino
Partei der Arbeit der Schweiz (PDA)	Schweiz
Izquierda Unida (IU)	Spanien
Partido Comunista de España (PCE)	Spanien
Esquerra Unida i Alternativa (EUA)	Spanien
Strana demokratického socialismu (SDS)	Tschechien
Magyar Kommunista Munkáspárt (MKM)	Ungarn

bb) Mitglieder mit Beobachterstatus

Sonstige linke Parteien und Organisationen Europas können den Beobachterstatus in der EL bekommen oder beantragen.

Parteien im Beobachterstatus:

Enhedslisten - De Rød-Grønne (RG)	Dänemark
Deutsche Kommunistische Partei (DKP)	Deutschland
Suomen kommunistinen puolue (SKP)	Finnland
Ανανεωτική Κομμουνιστική Ο. Α. (AKOA)	Griechenland
Partito dei Comunisti Italiani (PCI)	Italien
Partidul Comuniştilor din Republica M. (PCRM)	Moldawien
Komunistická strana Slovenska (JASO)	Slowakei
Komunisticka strana Čech a Moravy (KSCM)	Tschechien
Özgürlük ve Dayanışma Partisi (ODP)	Türkei
Ανορθωτικό κόμμα Εργαζόμενου Λαού (AKEL)	Zypern

b) Besonderheiten

Als Besonderheit der EL ist vorwiegend zu nennen, dass sie sich gründete, obwohl es bereits eine Vertretung der Sozialistischen Parteien in Europa in Form der SPE gab.

Während diese aber eher staatstragend bzw. europafreundlich auftritt, befindet sich die EL in einer Art Daueropposition zur Europäischen Union, da sie diese als Machwerk der Großindustrie und des Kapitals sieht.

Interessanterweise wurde bei dem Aufnahmegesuch der deutschen Die Linke (damals noch PDS) bei der europäischen SPE auf die SPD Rücksicht genommen und ihr folglich die Aufnahme verweigert, obwohl es durchaus möglich ist, dass zwei verschiedene Parteien eines Landes in einer europäischen politischen Partei beheimatet sind.

6. Allianz für ein Europa der Nationen – AEN

a) Gründung und Mitgliedschaft

Die Allianz für ein Europa der Nationen (AEN)[37] wurde im Dezember 2004 auf Initiative der italienischen Allianza Nationale in Mailand gegründet. Die AEN versteht sich selbst als europäische Rechtspartei der Identität und Werte. So sind als wichtigste Punkte des Programms der AEN die Bewahrung der Nationen bzw. Nationalstaaten mit ihren Völkern, die Vielfalt der Traditionen und die westliche Zivilisation zu nennen.

Die AEN unterscheidet bei ihren Mitgliedern zwischen Vollmitgliedern und assoziierten Parteien. Zudem können theoretisch auch Individualmitglieder Aufnahme finden. Derzeit gibt es solche jedoch nicht.

Die AEN setzt sich aus 17 nationalistischen, konservativen und europaskeptischen Parteien aus 16 Ländern zusammen.

aa) Vollmitglieder

Mitglieder der AEN können alle Parteien in der Europäischen Union werden, welche das Programm und die Statuten der AEN akzeptieren.

Mitgliedsparteien der AEN:

Dansk Folkeparti (DF)	Dänemark
Eestimaa Rahvaliit (ER)	Estland
Fianna Fail (FF)	Irland
Rassemblement pour la France (RPR)	Frankreich
Alleanza Nazionale (AN)	Italien
Tēvzemei un Brīvībai (TuB)	Lettland

[37] Für den Abschnitt: vgl. Homepage der AEN http://www.aensite.org.

Liberalų Demokratų Partija (LDP)	Litauen
Lietuvos Valstiečių Liaudininkų Sąjunga (LVLS)	Litauen
Action fir demokrat.und social.Gerechteg.(ADR)	Luxemburg
PiS-Law & Justice (PIS)	Polen
Hnutie za demokraciu (HZD)	Slowakei
Hungarian Provincial Party (MVPP)	Ungarn
Agonistiko Dimokratiko Kinima (ADIK)	Zypern

bb) Assoziierte Mitglieder

Politische Parteien anderer Länder als derjenigen der Europäischen Union können bei der AEN als assoziiertes Mitglied aufgenommen werden.

Assoziierte Parteien in der AEN:

Partia Republikane (PR)	Albanien
National Ideal for Unity Party (NIU)	Bulgarien
Partidul National Liberal (PNL)	Rumänien
Kongres Ukrajins'kych Natsionalistiv (KCN)	Ukraine

b) Besonderheiten

Als Besonderheit der AEN ist zu nennen, dass sie aus Parteien besteht, die, wenn sie nicht sogar als ablehnend gegenüber dem europäischen Einigungsgedanken zu beschreiben sind, dann doch zumindest als europaskeptisch zu klassifizieren sind. Umso bemerkenswerter ist es, dass sich diese Parteien zu einer europäischen Partei zusammengeschlossen haben, um so ihre Vorstellung eines Europas durchzusetzen, welches sie inzwischen als nichtwegzudenkende Konstante akzeptiert haben. Diese europaskeptische Partei, ist zwar nicht für den Austritt der Länder ihrer Mitgliedsparteien aus der EU, besteht jedoch auf weitgehende Souveränität der Mitglieder der Europäischen Union.

VI. Die Fraktionen im EU-Parlament

Das wichtigste gemeinsame Element der Demokratie in den westeuropäischen Verfassungssystemen ist die Existenz eines das souveräne Volk vertretende Organs.[38]

Auf europäischer Ebene besteht dieses in Form des direkt gewählten Parlaments. Dieses Gremium enthält insgesamt 732 Abgeordnete, welche alle 5 Jahre neu gewählt werden.[39]

Das Europäische Parlament bietet den 459 Millionen Bürgern der Europäischen Union die Möglichkeit einer Vertretung der verschiedenartigen gesellschaftlichen Interessen, die zugunsten ihrer Funktionalität und Wirksamkeit in Form von Fraktionen und Gruppen organisiert ist.[40]

1. Die Fraktionen der europäischen Parteien

Die meisten der Fraktionen im Europäischen Parlament sind den Europäischen Parteien zuzuordnen. Derzeit gibt es sieben Fraktionen, von denen sechs den europäischen Parteien angegliedert sind.

---

38 Badura, S. 173.

39 Löffler, Europäisches Parlament Bürger-Handbuch, S. 12.

40 Löffler, Europa 2006 Wissen-Verstehen-Mitreden, S.26 ff.

a) EVP-ED

Die Fraktion der Europäischen Volkspartei und Europäischer Demokraten (EVP-ED)[41] ist mit derzeit 264 Sitzen[42] die größte Fraktion im Europäischen Parlament. Vorsitzender der Fraktion, welche Christdemokraten, Konservative und andere politische Kräfte der Mitte und der rechten Mitte vereint, ist der CDU Politiker Hans-Gert Pöttering.

Die 264 Abgeordneten stellen 37 Prozent der Gesamtzahl der Abgeordneten dar und repräsentieren als einzige der sieben Fraktionsgemeinschaften im Europäischen Parlament in der 2004 begonnenen Legislaturperiode alle 25 Mitgliedstaaten der Europäischen Union. Zudem besitzt die Fraktion noch Beobachter aus den Beitrittskandidaten Bulgarien und Rumänien.

Mitglieder der EVP-ED Fraktion je Mitgliedstaat:

Belgien	6 MdEP
Dänemark	1 MdEP
Deutschland	49 MdEP
Estland	1 MdEP
Finnland	4 MdEP
Frankreich	17 MdEP
Griechenland	11 MdEP
Großbritannien	27 MdEP
Irland	5 MdEP
Italien	24 MdEP
Lettland	3 MdEP
Litauen	2 MdEP
Luxemburg	3 MdEP
Malta	2 MdEP
Niederlande	7 MdEP
Österreich	6 MdEP
Polen	15 MdEP

41 Für den Abschnitt: vgl. Homepage der EVP-ED Fraktion http://www.epp-ed.eu.

42 vgl. http://www.europarl.europa.eu.

Portugal	9 MdEP
Schweden	6 MdEP
Slowakei	8 MdEP
Slowenien	4 MdEP
Spanien	24 MdEP
Tschechien	14 MdEP
Ungarn	13 MdEP
Zypern	3 MdEP[43]

Schon der Name der Fraktion zeigt jedoch, dass es sich bei der EVP-ED Fraktion nicht nur um einen Zusammenschluss derjenigen Parlamentarier handelt, welche durch ihre Mutterpartei in der EVP beheimatet sind.

Die Zusatzbezeichnung ED steht für Europäische Demokraten.

Diese zusätzliche Angabe wurde nötig, da sich die EVP Fraktion einer verstärkten Zusammenarbeit mit den konservativen Parteien in der Europäischen Union zuwendete, welche vornehmlich die britischen Torries repräsentieren.

Die ED Gruppe ist nun als verbündetes Mitglied der EVP Fraktion angeschlossen.
Die Mitglieder des Europäischen Parlaments können, sofern sie der EVP-ED Fraktion beitreten wollen, auswählen, ob sie der EVP oder der ED Gruppe beitreten wollen.

Mitglieder der ED Gruppe:

Ulster Unionist Party	Großbritannien
Conservative Party	Großbritannien
Partido Popular	Portugal
Parteiloser	Italien
ODS	Tschechien[44]

---

43 vgl. http://www.europarl.europa.eu.

44 vgl. http://www.epp-ed.eu/europeandemocrats.

Da die EVP-ED Fraktion die größte Fraktion im Europäischen Parlament darstellt, besitzt sie den Vorsitz in 11 der 24 Ausschüsse bzw. Unterausschüsse.
Zudem stellt sie sieben von den 14 Vizepräsidenten des Europäischen Parlaments und drei von dessen fünf Quästuren. Als größte Fraktion eines Parlaments, in dem nicht-sozialistische Parteien heute eine klare Mehrheit haben, ist die EVP-ED Fraktion in einer besseren Position als die anderen, um die politische Tagesordnung des Parlaments zu bestimmen und dessen wichtigste Abstimmungen in ihrem Sinne zu entscheiden. Diese Stärke spiegelt sich in der Tatsache wider, dass die EVP-ED Fraktion seit 1999 in den monatlichen Plenartagungen des Europäischen Parlaments mehr Abstimmungen gewonnen hat als jede andere Fraktion.
Die starke Stellung der EVP-ED Fraktion könnte jedoch in der zukünftigen Entwicklung wesentlich geschwächt werden, da meines Erachtens der Austritt der britischen Konservativen verbunden mit der Gründung einer eigenen konservativen ED Fraktion zu erwarten ist, da die Torries unter ihrem neuen Vorsitzenden David Cameron wesentlich europakritischer[45] geworden sind als noch vor einigen Jahren und sich diese Einstellung somit im Vergleich zu den anderen Fraktionsmitgliedern extrem unterscheidet.

Vorsitze der EVP-ED Fraktion in den Ausschüssen:

- Auswärtige Angelegenheiten
- Haushalt
- Umwelt, Volksgesundheit und Lebensmittelsicherheit.
- Industrie, Forschung und Energie
- Regionale Entwicklung
- Landwirtschaft und ländliche Entwicklung
- Recht
- Rechte der Frau und Gleichstellung der Geschlechter
- Sicherheit und Verteidigung
- Krise der „Equitable Life Assurance Society“
- Behauptete Nutzung europäischer Staaten durch die CIA für die Beförderung und das rechtswidrige Festhalten von Gefangenen[46]

---

45 vgl. EVP-ED Fraktion, S. 4.
46 vgl. http://www.europarl.europa.eu.

b) SPE

Die Fraktion der Sozialdemokratischen Partei Europas (SPE)[47] ist nach den Wahlen im Juni 2004 mit 201 Sitzen[48] die zweitstärkste Fraktion im Europaparlament. Ihre Mitglieder kommen aus 23 Ländern der Europäischen Union. Somit sind alle Mitglieder außer Zypern und Lettland in der SPE vertreten.

Zudem gehören der SPE Beobachter aus den Beitrittskandidaten Bulgarien und Rumänien an. Fraktionsvorsitzender ist der deutsche Sozialdemokrat Martin Schulz.

Mitglieder der SPE Fraktion je Mitgliedstaat:

Belgien	7 MdEP
Dänemark	5 MdEP
Deutschland	23 MdEP
Estland	3 MdEP
Finnland	3 MdEP
Frankreich	31 MdEP
Griechenland	8 MdEP
Großbritannien	19 MdEP
Irland	1 MdEP
Italien	15 MdEP
Litauen	2 MdEP
Luxemburg	1 MdEP
Malta	3 MdEP
Niederlande	7 MdEP
Österreich	7 MdEP
Polen	10 MdEP
Portugal	12 MdEP
Schweden	5 MdEP
Slowakei	3 MdEP
Slowenien	1 MdEP

---

47 Für den Abschnitt: vgl. Homepage der SPE Fraktion http://www.socialistgroup.org.

48 vgl. http://www.europarl.europa.eu.

Spanien	24 MdEP
Tschechien	2 MdEP
Ungarn	9 MdEP[49]

Die meisten Parlamentarier der SPE Fraktion gehören auch den Parteien der SPE an. Weiterhin haben sich der SPE Fraktion eine unabhängige italienische Europaabgeordnete, drei Abgeordnete der polnischen Partei-Neugründung Socjaldemokracja Polska sowie zwei Abgeordnete der polnischen Samoobrona angeschlossen.

Die 201 Abgeordneten bilden mit den 264 der EVP-ED in dieser Legislaturperiode eine strategische Koalition bei den wichtigsten Entscheidungen des Europäischen Parlaments.
Hierdurch war es möglich, dass der Spanier Josep Borrell Fontelles von der SPE zum Präsidenten des Europäischen Parlaments gewählt wurde. Zudem stellt die SPE sieben Ausschussvorsitzende.

Vorsitze der SPE Fraktion in den Ausschüssen:

- Internationaler Handel
- Haushaltskontrolle
- Wirtschaft und Währung
- Beschäftigung und soziale Angelegenheiten
- Binnenmarkt und Verbraucherschutz
- Kultur und Bildung
- Konstitutionelle Fragen[50]

---

49 vgl. http://www.europarl.europa.eu.

50 vgl. http://www.europarl.europa.eu.

c) ALDE

Die Allianz der Liberalen und Demokraten für Europa (ALDE)[51] ist seit 2004 eine Fraktion des Europäischen Parlaments. Sie besteht aus den Abgeordneten der liberalen ELDR und der Europäische Demokratische Partei (EDP).

Insgesamt umfasst die ALDE Fraktion 89 Mitglieder[52] (62 der ELDR, 23 der EDP und vier Einzelmitglieder aus anderen Parteien bzw. Unabhängige) aus 20 Mitgliedsländern (nicht vertreten: Tschechien, Griechenland, Malta, Portugal, Slowakei) und stellt somit als drittstärkste Fraktion 12 Prozent der Mitglieder des Europäischen Parlaments. Zu der ALDE Fraktion gehören des Weiteren auch Beobachter aus den Beitrittskandidaten Bulgarien und Rumänien. Vorsitzender der ALDE Fraktion ist der Schotte Graham Watson.

Mitglieder der ALDE Fraktion je Mitgliedstaat:

Belgien	6 MdEP
Dänemark	4 MdEP
Deutschland	7 MdEP
Estland	2 MdEP
Finnland	5 MdEP
Frankreich	11 MdEP
Großbritannien	12 MdEP
Irland	1 MdEP
Italien	12 MdEP
Lettland	1 MdEP
Litauen	7 MdEP
Luxemburg	1 MdEP
Niederlande	5 MdEP
Österreich	1 MdEP
Polen	4 MdEP

51 Für den Abschnitt: vgl. Homepage der ALDE Fraktion http://alde.europarl.europa..eu.

52 vgl. http://www.europarl.europa.eu.

Schweden	3 MdEP
Slowenien	2 MdEP
Spanien	2 MdEP
Ungarn	2 MdEP
Zypern	1 MdEP[53]

Die EDP selbst ist eine Vereinigung von europäischen Zentrumsparteien, die für die europäische Integration eintritt und sehr EU-freundlich ist.

Mitglieder der EDP Gruppe:

Mouvement des Citoyens pour le Changement	Belgien
Union pour la Démocratie Française	Frankreich
Democrazia è Libertà-La Margherita	Italien
Darbo Partija	Litauen
Cesta zmeny	Tschechien
Partido Nacionalista Vasco	Spanien[54]

Da viele der Mitgliedsparteien der ELDR an den Hürden, welche einige nationale Parteien überwinden müssen, um in das Europäische Parlamente einziehen zu dürfen, scheitern, ist die ELDR dazu übergegangen in ihre Fraktion auch unabhängige Abgeordnete aufzunehmen, die sich liberalen Werten und Idealen verpflichtet fühlen, um an Größe und damit an Einfluss zu gewinnen.

Als Beispiel ist hier das Scheitern der deutschen FDP bei den Wahlen 1984, 1994, 1999 zu nennen, welches aufzeigt, dass es auch Vertreten der größten Mitgliedsparteien der ELDR manchmal verwehrt ist in das Europäische Parlament einzuziehen.

---

53 vgl. http://www.europarl.europa.eu.

54 vgl. Homepage EDP http://www.pde-edp.net.

Weil somit stets einige der Mitgliedsparteien den Wiedereinzug ins Europäische Parlament nicht schaffen, ist die ALDE Fraktion durch einen ständigen Wechsel der Parlamentarier geprägt.

Die derzeitige Größe der ALDE resultiert maßgeblich aus der Osterweiterung, die sich auf die Repräsentation der ELDR im EP dadurch positiv auswirkte, dass sie jetzt Europaabgeordnete aus 20 der 25 Länder stellt (zuvor 10 von 15).

Wenn es bei den jetzigen Mitgliedern aus Osteuropa bleibt und es keine Übertritte zu anderen europäischen Parteien gibt, erscheinen die Stellung der ALDE und mithin auch die der ELDR für die Zukunft als gesichert.

Die ALDE hat in der jetzigen Legislaturperiode drei Vorsitze in den Ausschüssen des Europäischen Parlaments inne.

Vorsitze der ALDE Fraktion in den Ausschüssen:

- Verkehr und Fremdenverkehr
- Fischerei
- Bürgerliche Freiheiten, Justiz und Inneres[55]

---

[55] vgl. http://www.europarl.europa.eu.

d) Grüne/EFA

Die Fraktion der Grünen/Europäische Freie Allianz (Grüne/EFA)[56] besteht aus 42 Mitgliedern[57] aus 13 Ländern der Europäischen Union (nicht vertreten: Tschechien, Estland, Griechenland, Irland, Zypern, Litauen, Ungarn, Malta, Polen, Portugal, Slowakei, Slowenien).

Die beiden Fraktionsvorsitzenden im Europaparlament sind der Deutsche Daniel Cohn-Bendit und die Italienerin Monica Frassoni. Diese waren auch die inoffiziellen Spitzenkandidaten zur Europawahl 2004.

Mitglieder der Grüne/EFA Fraktion je Mitgliedstaat:

Belgien	2 MdEP
Dänemark	1 MdEP
Deutschland	13 MdEP
Finnland	1 MdEP
Frankreich	6 MdEP
Großbritannien	5 MdEP
Italien	2 MdEP
Lettland	1 MdEP
Luxemburg	1 MdEP
Niederlande	4 MdEP
Österreich	2 MdEP
Schweden	1 MdEP
Spanien	3 MdEP[58]

Bei den Nationalitäten der Abgeordneten der Grüne/EFA Fraktion wird deutlich, dass diese fast ausschließlich aus den Staaten der Europäischen Union vor der Erweiterung stammen.

---

56 Für den Abschnitt: vgl. Homepage der Grüne/EFA Fraktion http://www.greens-efa.org.

57 vgl. http://www.europarl.europa.eu.

58 vgl. http://www.europarl.europa.eu.

Es bleibt somit abzuwarten, ob sich grüne Bewegungen und Parteien auch in den neuen Mitgliedsstaaten etablieren können und somit der Grüne/EFA Fraktion die Zukunftsfähigkeit in einer immer größer werdenden Union bestätigen.

Die Fraktion selbst besteht aus zwei einzelnen Gruppen. Zum einen den Abgeordneten der Parteien aus der EGP und zum anderen aus der Europäischen Freien Allianz (EFA), welche politische Parteien, die für Demokratie und für das Selbstbestimmungsrecht der staatenlosen Nationen und Regionen kämpfen, vereint. In der EFA befinden sich zurzeit Abgeordnete aus Schottland, Wales, Katalonien und Lettland.

Mitglieder der EFA Gruppe:

Esquerra Republicana de Catalunya	Spanien
Plaid Cymru The Party of Wales	Großbritannien
Scottish National Party	Großbritannien
For Human Rights in a United Latvia	Lettland[59]

Die Abgeordneten der Grüne/EFA stellen in dieser Legislaturperiode die viertgrößte Fraktion des Europäischen Parlaments und stellen einen Ausschussvorsitzenden.

Vorsitz der Grüne/EFA Fraktion in dem Ausschuss:

- Menschenrechte[60]

---

59 vgl. Homepage der EFA http://www.e-f-a.org.

60 vgl. http://www.europarl.europa.eu.

e) KVEL/NGL

Die konföderale Fraktion der Vereinigten Europäischen Linken/Nordische Grüne Linke (KVEL/NGL)[61] ist ein Zusammenschluss der Parteien der EL und der Mitglieder der Nordisch grün-linken Allianz (NGL) zu einer Fraktion im Europäischen Parlament.

Die KVEL/NGL ist mit 41 Abgeordneten[62] aus 14 Ländern (nicht vertreten: Belgien, Estland, Lettland, Litauen, Luxemburg, Ungarn, Malta, Österreich, Polen, Slowakei, Slowenien) im Europäischen Parlament die fünftstärkste Fraktion, wobei die Abgeordneten der EL den größten Teil dieser Fraktion darstellen.
Vorsitzender ist der Franzose Francis Wurtz.

Mitglieder der KVEL/NGL Fraktion je Mitgliedstaat:

Dänemark	1 MdEP
Deutschland	7 MdEP
Finnland	1 MdEP
Frankreich	3 MdEP
Griechenland	4 MdEP
Großbritannien	1 MdEP
Irland	1 MdEP
Italien	7 MdEP
Niederlande	2 MdEP
Portugal	3 MdEP
Schweden	2 MdEP
Spanien	1 MdEP
Tschechien	6 MdEP
Zypern	2 MdEP[63]

61 Für den Abschnitt: vgl. Homepage der KVEL/NGL Fraktion http://www.guengl.org.

62 vgl. http://www.europarl.europa.eu.

63 vgl. http://www.europarl.europa.eu.

Die NGL selbst ist ein Zusammenschluss von fünf nordischen Grün-Links-Parteien. Dies sind die im Parlament vertretenen Parteien zuzüglich der Links-Grünen Bewegung Islands und der Sosialistisk Venstreparti Norwegens.

Mitglieder der NGL Gruppe:

Vasemmistoliitto	Finnland
Vänsterpartiet	Schweden
Folkebevægelsen mod EU	Dänemark[64]

Als fünfstärkste Fraktion darf die KVEL/NGL einen Ausschussvorsitzenden des Europäischen Parlaments stellen.

Vorsitz der KVEL/NGL Fraktion in dem Ausschuss:

- Entwicklung[65]

---

64 vgl. http://www.europarl.europa.eu.

65 vgl. http://www.europarl.europa.eu.

f) UEN

Die Union für ein Europa der Nationen (UEN)[66] umfasst 30 Mitglieder[67] aus 6 Ländern (Dänemark, Irland, Italien, Lettland, Litauen, Polen) und ist die Fraktion der AEN.

Vorsitzende sind der Ire Brian Crowley und die Italienerin Christiana Muscardini.

Mitglieder der UEN Fraktion je Mitgliedstaat:

Dänemark	1 MdEP
Irland	4 MdEP
Italien	9 MdEP
Lettland	4 MdEP
Litauen	2 MdEP
Polen	10 MdEP[68]

Auch die UEN darf einen Ausschussvorsitzenden des Parlaments stellen.

Vorsitz der UEN Fraktion in dem Ausschuss:

- Petitionen[69]

---

[66] Für den Abschnitt: vgl. Homepage der UEN Fraktion http://www.uengroup.org.

[67] vgl. http://www.europarl.europa.eu.

[68] vgl. http://www.europarl.europa.eu.

[69] vgl. http://www.europarl.europa.eu.

2. *Sonstige Fraktionen und andere Abgeordnete*

Neben den Fraktionen der europäischen Parteien gibt es im Europäischen Parlament noch eine weitere Fraktion, welche keiner Europäischen Partei zuzuordnen ist, sowie eine Gruppe fraktionsloser Abgeordneter.

a) IND/DEM

Die Fraktion Unabhängigkeit und Demokratie (IND/DEM)[70] ist ein Zusammenschluss europakritischer Abgeordneter.

Sie ist der Nachfolger der inzwischen aufgelösten Fraktion Europa der Demokratien und der Unterschiede.

Das Hauptziel dieser Fraktion ist es, den Einfluss der Europäischen Union auf ihre nationalen Regierungen zu revidieren.

Ihr gehören Parlamentarier aus neun verschiedenen Ländern an.

Mit insgesamt 28 Abgeordneten[71] ist die IND/DEM die kleinste Fraktion im Europäischen Parlament.

Vorsitzende sind der Brite Nigel Farage und der Däne Jens-Peter Bonde.

Mitgliedsparteien und Mitglieder der IND/DEM Fraktion je Mitgliedsstaat:

JuniBevægelsen	1 MdEP	Dänemark
Mouvement pour la France	3 MdEP	Frankreich
LAOS	1 MdEP	Griechenland
UK Independence Party	10 MdEP	Großbritannien
Parteilos	1 MdEP	Irland

70 Für den Abschnitt: vgl. Homepage der IND/DEM Fraktion http://indemgroup.org.

71 vgl. http://www.europarl.europa.eu.

ChristenUnie	2 MdEP	Niederlande
Liga Polskich Rodzin	7 MdEP	Polen
Junilistan	2 MdEP	Schweden
Nezávislí	1 MdEP	Tschechien[72]

b) Fraktionslose

Zudem gibt es noch 37 autonome, unabhängige Abgeordnete, welche sich keiner Fraktion angeschlossen haben.

Diese gehören vornehmlich nationalistischen und rechte Parteien wie dem Front National aus Frankreich, der Lega Nord aus Italien und dem belgischen Vlaams Belang an.[73]

Unter den fraktionslosen Abgeordneten befinden sich jedoch auch viele britische Abgeordnete.
Neben den Mitgliedern der UK Independence Party gehören hierzu auch von der EVP-ED Fraktion enttäuschte Konservative.

Kurzeitig gelang es 23 der fraktionslosen Abgeordneten im Jahr 2007 auf Initiative des österreichischen Abgeordneten Andreas Mölzer von der Freiheitlichen Partei (FPÖ) eine eigene Fraktion zu bilden.

Der Name dieser rechtsdemokratischen bzw. rechten Fraktion des Europäischen Parlaments war Identität-Tradition-Souveränität (ITS).

Fraktionsvorsitzender war der Franzose Prof. Dr. Bruno Gollnisch vom Front National.

Die Fraktion zerbrach jedoch bereits nach kurzer Zeit wieder aufgrund des Austritts der 5 Abgeordneten aus Rumänien (nach dessen EU-Beitritt) nach Unstimmigkeiten mit deren Fraktionskollegen aus Italien.

---

72 vgl. http://www.europarl.europa.eu.
73 vgl. http://www.europarl.europa.eu.

Es bleibt abzuwarten, ob es in der nächsten Legislaturperiode des Europäischen Parlaments erneut zu einem Versuch der Gründung einer Rechtsaußen Fraktion kommen wird.

Da die fraktionslosen Abgeordneten jedoch nur über ein sehr geringes Mitspracherecht bei den Entscheidungen des Parlaments verfügen, ist der erneute Versuch der Gründung einer EU-kritischen Fraktion der rechtsdemokratischen bzw. rechten Mitglieder des Europäischen Parlaments zu erwarten, sofern die entsprechenden nationalen Parteien bei den Wahlen im Juni 2009 den Einzug ins Europäische Parlament schaffen.

C. Gestaltung der Politik durch die Parteien und der Fraktionen

I. Einflussmöglichkeiten auf die Politik

Die Möglichkeiten der europäischen Parteien und der Fraktionen des Europäischen Parlaments die Politik aktiv zu gestalten, finden vornehmlich in und über die verschiedenen Institutionen der Europäischen Union statt.

1. Einflussnahme über und auf das Europäische Parlament

Das Europäische Parlament stellt das Hauptfeld der politischen Tätigkeit der Fraktionen und mittelbar auch ihrer europäischen Parteien dar.

Früher waren die Rechte des Europäischen Parlaments jedoch noch nicht sehr ausgeprägt,[74] sukzessive wurden sie allerdings erweitert.[75] Sie entsprechen aber noch nicht den Rechten eines nationalen Parlaments. So ist die Rechtssetzung in Form der Normsetzung auf europäischer Ebene in großen Teilen den exekutiven Organen vorbehalten. Die Kommission bereitet entsprechende Vorschläge vor und der Rat verabschiedet die hinreichenden Rechtsakte.

Dem Parlament bleibt bei der Gesetzgebung nur das Kooperationsverfahren in Form der Zusammenarbeit nach Art. 192 I i.V.m. Art. 252 EGV und das immer wichtiger werdende Mitentscheidungsverfahren nach Art. 192 i.V.m. Art. 251 EGV.
Diese noch relativ geringe Einflussmöglichkeit des Europäischen Parlaments auf die Rechtssetzung hat zur Folge, dass die Formulierung gemeinsamer Forderungen der europäischen Parteien nicht die Bedeutung erlangt, welche den Appellen der nationalen Parteien zukommt. Sie bleiben jedoch auch nicht ungehört.

---

[74] Haas, S. 397 ff.

[75] Ungerer/Monar, S. 24 ff; Hix/Lord, S. 112 ff.

Das Europäische Parlament kann aber durchaus auf die Geschicke der Europäischen Union Einfluss nehmen. So bedarf es gem. Art. 214 EGV zur Ernennung der Kommission der Zustimmung des Europäischen Parlaments.

Weiterhin besitzt es auch ein Misstrauensvotum nach Art. 201 EGV bezüglich der Tätigkeit der Kommission.

Zudem stellt das Europäische Parlament gem. Art. 272 EGV in Zusammenarbeit mit dem Rat eine Haushaltsbehörde dar, welche einen mehrjährigen Finanzrahmen festlegt und in einem jährlichen Haushaltsplan alle Ausgaben bewilligt. Ferner steht dem Europäischen Parlament ein Untersuchungs- und das Petitionsrecht gem. Art. 193 bzw. Art. 194 EGV zu.

Hervorzuheben ist zudem, dass im Europäischen Parlament kein Regierungs-Oppositions-Verhältnis zwischen den Fraktionen herrscht, so dass die Kooperation zwischen den Fraktionen erleichtert wird und zum Teil Koalitionen herrschen, die auf nationaler Ebene als nicht vorstellbar angesehen werden.[76]

Die Abgeordneten des Europäischen Parlaments können durch diese Zusammenarbeit nach Art. 192 II EGV die Kommission dazu auffordern, zu bestimmten Themen Vorschläge zu unterbreiten, durch gemeinsame Initiativen mittelbar versuchen die Kommission zu beeinflussen und hierdurch Rechtsetzungsvorhaben der Europäischen Union anregen.[77]

Weil die kleineren Fraktionen in der laufenden Legislaturperiode weder zusammen mit der EVP-ED Fraktion noch mit der der SPE über die absolute Mehrheit der Mandate im Europäischen Parlament verfügen, bildeten die beiden großen europäischen Parteienfamilien eine strategische „Koalition“, um ihre Ziele durchzusetzen.

---

[76] Jasmut, S. 266.
[77] Jasmut, S. 266.

2. Einflussnahme über und auf die Kommission

In allen Staaten der Europäischen Union wählen die jeweiligen Parlamente die Exekutive der Länder.

Bis zum Inkrafttreten der Amsterdamer Vertragsnovellierung bestellte in der Europäischen Union jedoch alleine der Rat die Europäische Kommission.

Seitdem das Europäische Parlament ebenfalls seine Zustimmung geben muss, partizipieren die europäischen Parteien über ihre Fraktionen an dieser wichtigsten Personalentscheidung in der Europäischen Union. Dennoch haben die Regierungen der Mitgliedstaaten es sich vorbehalten „ihren" Kommissar zu benennen.[78]

Der Kommission selbst obliegt das Vorschlagerecht für europäische Gesetze.
Zudem stellt sie den Vorentwurf des Haushaltsplanes der Europäischen Union auf und führt diesen nach der Verabschiedung im Europäischen Parlament aus.

Ferner verwaltet die Kommission die Programme der Europäischen Union, führt die EU-Gesetze aus, welche in der Europäischen Union unmittelbar gelten, und überwacht die Anwendung des gesamten Unionsrechts.

Als weitere Aufgabe vertritt die Kommission die Europäische Union auch bei Verhandlungen mit internationalen Organisationen und Drittstaaten.[79]

Aufgrund der Osterweiterung der Europäischen Union nominieren die Regierungen der Mitgliedstaaten seit 2004 nur noch jeweils einen Kommissar.

---

78 Deinzer, S. 115.
79 Löffler, Europa 2006 Wissen Verstehen Mitreden, S.40 ff.

Mitglieder der Europäischen Kommission und ihre Geschäftsbereiche:

José Manuel Barroso	EVP	(Präsident)
Margot Wallström	SPE	(Institutionelle Beziehungen u. Kommunikation; Vizepräs.)
Güter Verheugen	SPE	(Unternehmen und Industrie; Vizepräsident)
Jacques Barrot	EVP	(Verkehr; Vizepräsident)
Siim Kallas	ELDR	(Verwaltung, Audit und Betrugsbekämpfung)
Franco Frattini	EVP	(Justiz, Freiheit, Sicherheit)
Viviane Reding	EVP	(Informationsgesellschaft und Medien)
Stavros Dimas	EVP	(Umwelt)
Joaquín Almunia	SPE	(Wirtschaft)
Danuta Hübner	SPE	(Regionalpolitik)
Joe Borg	EVP	(Fischerei und maritime Angelegenheiten)
Dalia Grybauskaitė	pl.	(Finanzplanung und Haushalt)
Janez Potočnik	pl.	(Wissenschaft und Forschung)
Ján Figel	EVP	(Allg. und berufliche Bildung, Kultur und Mehrsprachigkeit)
Markos Kyprianou	ELDR	(Gesundheit und Verbraucherschutz)

Olli Rehn	ELDR	(Erweiterung)
Louis Michel	ELDR	(Entwicklung und humanitäre Hilfe)
László Kovács	SPE	(Steuern und Zollunion)
Neelie Kroes	ELDR	(Wettbewerb)
Mariann Fischer Boel	ELDR	(Landwirtschaft und ländliche Entwicklung)
Benita Ferrero-Waldner	EVP	(Außenbeziehung und europäische Nachbarschaftspolitik)
Charlie McCreevy	AEN	(Binnenmarkt und Dienstleistungen)
Vladimír Špidla	SPE	(Beschäftigung, Soziales und Chancengleichheit)
Peter Mandelson	SPE	(Handel)
Andris Piebalgs	pl.	(Energie)[80]

Von den Mitgliedern der Kommission gehören somit neben dem Präsidenten Barroso noch acht weitere den Mitgliedsparteien der EVP an.

Die Parteien der SPE stellen sieben Mitglieder der Kommission, die der ELDR sechs und die der AEN einen.

Zudem gehören mit Dalia Grybauskaitė und Janez Potočnik noch zwei parteilose Kommissare dazu.

---

80 Löffler, Europa 2006 Wissen Verstehen Mitreden, S.43.

Damit befinden sich in der 2004 begonnenen Legislaturperiode die Kommissionsmitglieder der Partei, welche mit der EVP-ED Fraktion die stärkste Vertretung im Europäischen Parlament besitzt, in der Minderheit.

Hieraus lässt sich folgern, dass die Fraktionen und die europäischen Parteien somit nicht stark genug waren, um sich gegen die Regierungen der Mitgliedsstaaten der Europäischen Union durchzusetzen und ihrer Stellung gerecht in der Kommission vertreten zu sein.

Die Machtverhältnisse im Europäischen Parlament spiegeln sich folglich nicht in diesem Exekutivorgan wider.

Neben den Initiativen des Europäischen Parlaments nach Art. 192 II EGV bleibt den europäischen Parteien bezüglich ihrer Kommissare nur noch die Möglichkeit, auf diese direkt Einfluss auszuüben, um sie von ihrer Politik zu überzeugen.

So steht diese Möglichkeit den kleineren Parteien als einzige Option zur Verfügung, um auf europäischer Ebene wirkungsvoll die Politik zu gestalten, da sie in den wichtigen Organen der Europäischen Union so gut wie keine Machtstellung innehaben solange die beiden großen europäischen Parteien im Europäischen Parlament zusammenarbeiten.

3. Einflussnahme über und auf den Europäischen Rat und den Ministerrat

Dem Europäische Rat, welcher die großen Linien der Politik der Europäischen Union festlegt und die strategischen Vorhaben für Europas Handeln definiert, gehören die 25 Staats- und Regierungschefs der einzelnen Mitgliedsstaaten an.

Der Ministerrat, welchem die Gesetzgebung und die Funktion als Haushaltsbehörde jeweils in Zusammenarbeit mit dem Europäischen Parlament obliegen, besteht aus den jeweiligen Fachministern der Regierungen aus den Mitgliedsländern. Beide stellen die Staatenkammer der Europäischen Union dar.[81]

Zwar gehören die Mitglieder des Europäischen Rates und des jeweiligen Ministerrates meist auch den nationalen Parteien und somit mittelbar auch den europäischen Parteien an, da sie aber die Vertreter ihres Staates sind, ist die Einflussnahme durch die europäischen Parteien auf sie fast nicht gegeben.

Für die kleineren europäischen Parteien kommt erschwerend hinzu, dass sie stets in diesen Gremien nur über eine sehr geringe Anzahl von Vertretern verfügen.

Für den Europäischen Rat und die jeweiligen Ministerräte sind angesichts ihrer nationalen Bestellung mithin so gut wie keine Einflussmöglichkeit der europäischen Parteien auszumachen.

---

81 Löffler, Europa 2006 Wissen Verstehen Mitreden, S.33 ff.

II. Probleme und Hindernisse der Gestaltung von Politik

Da die kleineren Fraktionen im Europäischen Parlament wesentlich weniger Stimmen als die größten Fraktionen besitzen und deswegen zurzeit weder mit der SPE noch der EVP-ED Fraktion über die ausreichende Mehrheit von durchschnittlich 65 % der anwesenden Abgeordneten des Europäischen Parlaments bei Abstimmungen, welche die absolute Mehrheit der gesamten Stimmen der Parlamentarier erfordern, verfügen,[82] liegen die Probleme der kleineren europäischen Parteien auf der Hand.

So sind durch das Bündnis zwischen der EVP-ED und der SPE Fraktion die kleineren Fraktionen im Europäischen Parlament nahezu ohne Gestaltungsraum.

Dadurch, dass der Einfluss auf die Kommission und den Rat aufgrund deren Besetzung, für kleinere europäische Parteien ebenfalls extremst eingeschränkt ist, hängt die Umsetzung der Politik der kleineren europäischen Parteien somit weniger von der europäischen Herrschaftsebene als von dem Einfluss ihrer Mitgliedsparteien in den einzelnen Nationalstaaten ab.

Aber auch den größeren europäischen Parteien stehen einige Hindernisse im Weg, um die Politik in ihrem Sinne zu gestalten.

Als eines von diesen Problemen kann man die mangelnde Relevanz von europapolitischen Fragen im Bezug auf die Wahlen zum Europäischen Parlament nennen. Diese Wahlen finden noch immer in national geprägter Weise statt.[83]

Die Wahlen zum Europäischen Parlament werden insgesamt von den Bürgern eher als „second-order elections",[84] als Nebenwahlen empfunden, welche eher den Frust über die jeweilige Regierung ihres Mitgliedsstaates als die Wünsche der Gestaltung von Politik auf europäischer Ebene ausdrücken.

---

82 Hix, S. 177.

83 Hrbek, Integration 1989, S. 107 (S. 109 ff); Hix/Lord, S. 211.

84 Reif/Schmitt, EJPR 1980, S. 3 (S. 3 ff).

Es ist folglich schwierig aus den Wahlergebnissen einen wirklichen Willen der Bürger bezüglich der Fortentwicklung der Europäischen Union abzulesen oder den Willen der Bürger bei Wahlen zum Europäischen Parlament im Sinne der einzelnen europäischen politischen Parteien zu beeinflussen.

Zudem treten auf dem Wahlzettel stets nur die nationalen Parteien an, trotz der Möglichkeit, die Verbindung zu den europäischen Parteien aufzuzeigen.

Neben der nationalen Themenwahl und dem geringen Bezug auf die europäischen Parteien besteht jedoch ein noch schwerwiegenderes Problem.
In jedem Land der Europäischen Union besteht ein eigenes Wahlrecht, welches dieses selbst bestimmen darf.[85]

Wieder erschwert diese Tatsache vor allen Dingen den kleineren Parteien die Teilhabe an der Politik auf europäischer Ebene.

So führt das Scheitern an nationalen Hürden, wie der deutschen 5 %-Hürde, dazu, dass auch die Vertretung der kleineren Parteien im Europäischen Parlament klein gehalten wird.

Dies hat dann zur Folge, dass z.B. alle deutschen Stimmen für die kleineren europäischen Parteien unberücksichtigt bleiben, obwohl die gleiche Anzahl an Stimmen in den einwohnerärmeren Mitgliedsstaaten zu einer hohen Prozentzahl an Wahlstimmen für die entsprechende europäische Partei geführt hätte.

Aber auch den größeren europäischen Parteien schadet dieses nationale Wahlrecht.

Offiziell sind alle Abgeordneten zwar unabhängig und nicht weisungsgebunden, sie müssen sich also nicht nach dem Begehren ihrer nationalen Regierungen oder ihres Volkes richten.[86]

---

85 Hix/Lord, S. 215.
86 Rutschke, S.9.

Eine Befolgung der „Fraktionsdisziplin“ der europäischen Partei ist somit nicht unbedingt vorgesehen.

Die wichtigste Sanktion für ein eigensinniges Abstimmen der einzelnen Abgeordneten, welche gegen die Linie der eigenen europäischen Partei stimmen, stellt jedoch der Einfluss auf die Wiederaufstellung bei der nächsten Wahl zum Europäischen Parlament dar.

Diese Sanktionsmöglichkeit steht den europäischen Parteien allerdings nicht zur Verfügung, da für die Listenaufstellung zur Wahl aufgrund des nationalen Wahlrechts weiterhin die nationale Partei zuständig ist.[87]

Mithin ist ein Durchsetzen bestimmter politischer Entscheidungen extremst erschwert, da die Abgeordneten häufig den Interessen ihrer Heimatländer und nicht unbedingt denjenigen ihrer europäischen Partei folgen.

Als weiteres Hemmnis ist die Dualität der europäischen Parteien und ihrer Fraktionen im Europäischen Parlament zu sehen.[88]

Viel stärker als die Fraktionen in den nationalen Parlamenten zeichnen sich die Fraktionen im Europäischen Parlament durch ihre Unabhängigkeit von den sie bildenden Parteien aus.[89]
So bleibt der Einfluss der europäischen Parteien selbst meist sehr gering, derjenige der jeweiligen Fraktion im Europäischen Parlament ist aber umso größer.

Insgesamt ist festzuhalten, dass die größeren europäischen Parteien bzw. deren Fraktionen zwar weitaus mehr Einfluss auf die Politikgestaltung ausüben können als die kleineren europäischen Parteien, aufgrund der eingeschränkten Machtbefugnisse der Institutionen der Europäischen Union, in welchen die europäischen Parteien überhaupt vertreten sind, lässt sich jedoch generell ablesen, dass die Gestaltungsmöglichkeiten der europäischen Parteien noch sehr begrenzt sind.

---

87 Neßler, Europäische Willensbildung, S. 60 ff; Jasmut, S. 270.

88 Poguntke/Pütz, ZParl 2006, S. 334 (S. 342 ff).

89 Jansen, Zur Entwicklung supranationaler europäischer Parteien, S. 253.

Den europäischen Parteien bleibt zwar stets noch der direkte Einfluss auf ihre Mitgliedsparteien, aber auch dieser ist aufgrund der nicht hierarchischen Struktur der europäischen Parteien im Bezug auf ihre Mitgliedsparteien nicht sehr ausgeprägt.

D. Resümee und Ausblick auf die zukünftige Entwicklung von Parteien auf europäischer Ebene

Zusammenfassend lässt sich sagen, dass sich alle klassischen Richtungen der Politik von Links- bis Rechtsaußen auch auf europäischer Ebene bereits zu europäischen Parteien zusammen gefunden haben oder unmittelbar vor einer Parteiengründung stehen.

Zwar entspricht die Rolle der einzelnen europäischen Parteien noch nicht derjenigen der nationalen Parteien in den einzelnen Mitgliedsstaaten, dennoch ist die Bedeutung dieser im Laufe des Bestehens der Europäischen Union stets gestiegen und wird voraussichtlich auch stets weiter steigen.

Der Einfluss der einzelnen europäischen politischen Parteien hängt jedoch vorwiegend mit dem des Europäischen Parlamentes zusammen. Er wird analog zum institutionellen Gewicht und zum Ausmaß der Zuständigkeiten und Rechte des Europäischen Parlaments als Gemeinschaftsinstitution wachsen.[90]

Je größer der Einfluss des Europäischen Parlaments auf den Rechtsetzungsprozess in der Europäischen Union in Zukunft sein wird, desto mehr Bedeutung und Interesse werden die einzelstaatlichen Parteien in der Gegenwart der Zusammenarbeit auf europäischer Ebene, insbesondere im Europäischen Parlament, einräumen.[91]

In der geplanten Verfassung für die Europäische Union wird dem Rechnung getragen, indem die Befugnisse des Europäischen Parlaments im Bezug der Gesetzgebung zusätzlich erweitert werden.[92]

Hervorzuheben bleibt insgesamt, dass die europäischen politischen Parteien dem Europäischen Parlament und der Europäischen Union insgesamt eine

---

90 Attinà, EJPR 1990, S. 557 (S. 561); Grimm, JZ 1995, S. 581 (S. 588); Jasmut, S. 30; Lin, S. 173; Schefold, in Tsatsos, S. 757; Stentzel, EuR S. 174 (S. 181); Wivenes in Tsatsos, S. 444; Hix/Lord, S. 109.

91 Seidel, EuR 1992, S. 125 (S. 140); Bleckmann, ZRP 1990, S. 265 (S. 266).

92 Amt für amtliche Veröffentlichungen der EG, S.15.

größere angesichts der Zuständigkeitserweiterungen unumgänglich werdende demokratische Rückkopplung verschaffen können.[93]

Das Europäische Parlament stellt, auch wenn zurzeit noch Funktionsmängel vorherrschen, den wichtigsten Integrationsfaktor dar und vermittelt aufgrund seiner bestehenden Direktwahl eine unmittelbarere Identifikation des Bürgers mit der Europäischen Union als jedes andere Organ der Europäischen Union.

So wie durch die Einführung dieser Direktwahl zum Europäischen Parlament 1979 die Herausbildung einer europäischen politischen Infrastruktur, insbesondere im Hinblick auf die Entwicklung der europäischen Parteiföderationen erhofft wurde,[94] erscheint nun auch die Ausgestaltung des Art. 191 EGV durch die einzelnen Verordnungen über politische Parteien auf europäischer Ebene und deren Finanzierung die Gründung von europäischen politischen Parteien zu fördern und schlechterdings auch den europäischen Gedanken auszubauen.

Gerade durch die nun geregelte Frage der Parteienfinanzierung wurden die europäischen Parteien extrem gestärkt, da ihre Abhängigkeit von ihren Fraktionen hierdurch beendet wurde.

Die europäischen politischen Parteien selbst sind somit als Schlüssel zum Funktionieren des Europäischen Parlaments geworden und folglich auch zur Stärkung des Demokratisierungsprozesses und zum Abbau des Legitimationsdefizits der Europäischen Union geeignet.[95]

Mithin dienen die auf europäischer Ebene organisierten Parteien, die aufgrund einer Fortentwicklung ihrer Struktur, die aus demokratischen Grundsätzen erwachsenen Forderungen und Legitimation und Kontrolle der Gemeinschaftsorgane erfüllen, unmittelbar dem Abbau des Demokratiedefizits

---

93 Lange/Schütz, EuGRZ 1996, S. 299 (S. 300).
94 Schmuck, Integration 1983, S. 85 (S. 85).
95 Papadopoulou, S. 52 ff.

der Union[96] und heben eventuelle verfassungsrechtliche Vorbehalte gegenüber weiteren Souveränitätsübertragungen auf.[97]
Die Bildung und Aktivierung von europäischen politischen Parteien ist nicht nur als Indikator der europäischen Integration zu bezeichnen, sondern sie stellt auch einen wirksamen Impuls dar, ein zusätzliches Aktionsfeld in diese Richtung[98] und eine unverzichtbare Voraussetzung für den erfolgreichen Fortgang des europäischen Einigungsprozesses und für das Funktionieren des europäischen politischen Systems.[99]

Soweit aber die Möglichkeiten der Parteien, die Verfassung- und Rechtsentwicklung zu beeinflussen, auf europäischer Ebene viel geringer bleiben als im nationalen Rahmen, bleibt zwangsweise auch die Bedeutsamkeit und der Integrationsgrad der europäischen politischen Parteien gering.[100]

Es bedarf somit neben der geplanten Verbesserung der Möglichkeiten der Politikgestaltung durch das Europäische Parlament noch einer weiteren Stärkung der europäischen politischen Parteien selbst.
Nach einer solchen Ausgestaltung wird es zu einer wahren Entwicklung hin zu einer europäischen Parteiendemokratie kommen.

Denkbar wäre hierfür eine verstärkte Einflussmöglichkeit und Mitwirkung von Individualmitgliedern in den europäischen Parteien.

Dafür müssten diese jedoch mehr Rechte bekommen und in den Fokus der Öffentlichkeit getragen werden. Vorstellbar wäre ein System, welches dem in Deutschland ähnelt. Hier wird man zwar Mitglied eines bestimmten Ortsverbandes, gleichzeitig erwirbt man hiermit aber auch die Mitgliedschaft im Bundesverband einer Partei und somit auch dort, im geringeren Maße, an politischer Einflussmöglichkeit.

---

96 Bieber in von der Groeben/Schwarze Art. 191 EGV Rn. 1 ff; Jasmut , S. 286; Hrbek, Der Vertrag von Maastricht und das Demokratiedefizit der Europäischen Union S. 191 ff.; Neßler, EuGRZ 1998, S. 191 (S. 193); Niedermayer, S. 13 ff; Tsatsos, EuGRZ 1994, S. 45 (S. 46).

97 Lange/Schütz, EuGRZ 1996, S. 299 (S. 299).

98 Hrbek, Eine neue politische Infrastruktur?, S. 348.

99 Jansen, Die europäischen Parteien, S. 260.

100 Jansen, Die europäischen Parteien, S. 259.

Zurzeit sind die europäischen politischen Parteien aber eher Parteien-Parteien, da sie fast ausschließlich als Mitglieder Parteien besitzen.[101] Hierzu könnte man kritisch anführen, dass die europäischen Parteien deswegen nur in der Form einer von allen Bürgern weitgehend abgehobenen Parteioligarchie agieren und insofern keine Stütze der Legitimation und Repräsentation der Europäischen Union darstellen.[102]

Es liegt jedoch vornehmst an jedem selbst, sich in den nationalen Parteien zu engagieren und somit mittelbar auch Einfluss auf die europäischen Parteien zu gewinnen. Ähnlich den Orts-, Kreis- Landes- und Bundesverbänden der nationalen politischen Parteien in Deutschland könnte man die europäische Ebene schon jetzt eben als eine Art Fortführung dieses Systems sehen.
Dies würde mithin bedeuten, dass die europäischen Parteien nicht weniger demokratiestützend als die bisherige Vertretung durch die politischen Parteien in den Mitgliedsstaaten der Europäischen Union selbst sind.
Immerhin entspricht die jetzige Art der Parteien-Parteien jedoch der gesamten Art der Europäischen Union. So entspricht die konföderale Gattung der europäischen Parteien dem Charakter der aus souveränen Nationalstaaten bestehenden Europäischen Union.

Nötig wäre es allerdings, dass die Mitglieder der europäischen Parteien, ob Individualmitglieder oder einzelne nationale Mitgliedsparteien, auch gegen ihren Willen durch Mehrheitsentscheidungen verpflichtet werden können.[103]
Die einzelnen Mitgliedsparteien müssen somit einzelparteiliche Souveränität teilweise oder ganz auf die europäische Organisationsebene und folglich auf die europäische Partei übertragen, um die transnationale in eine supranationale Parteiorganisation mit eigenen Entscheidungskompetenzen umzuwandeln.[104]

Unabdingbar bedarf es dessen ungeachtet einer Europäisierung der Europawahlen, um die Stellung der europäischen Parteien zu stärken.

---

101 Lange/Schütz, EuGRZ 1996, S. 299 (S. 299).
102 Kluth, S. 62.
103 Gröne, S. 1.
104 Niedermeyer, S. 31.

Eine Möglichkeit dieser Europäisierung wäre ein einheitlicher Wahlkampf aller Mitgliedsparteien der einzelnen europäischen Parteien ähnlich dem Wahlkampf der Grünen zur Wahl zum Europäischen Parlament im Jahr 2004. Neben einheitlichen Plakaten und Slogans, stellten die Grünen noch eine symbolische europaweite Liste ihrer Kandidaten auf (diese bestand aus den jeweiligen Spitzenkandidaten der einzelnen grünen Parteien in den Mitgliedstaaten).
Auch den anderen europäischen Parteien steht es frei, ihre bereits bestehenden Namen, Symbole zumindest parallel zu den Parteisymbolen der nationalen Mitgliedsparteien anlässlich von europäischen Wahlkämpfen zu benutzen und somit eine Identifikation auch mit der europäischen Partei zu schaffen.

Zusätzlich wäre es zur Europäisierung der Europawahlen wichtig, dass sich die Mitgliedsparteien der europäischen Parteien stärker mit Themen auseinandersetzen, die auf der europäischen Ebene der Politik derzeit behandelt werden oder dort nach Ansicht der Bürger behandelt werden sollten.[105]

Vor allen Dingen bedarf es jedoch eines einheitlichen Wahlsystems bei den Wahlen zum Europäischen Parlament.
Dies stellt die conditio sine qua non für die Erfüllung des Grundsatzes der Wahlgleichheit dar und würde die Legitimation durch das Europäische Parlament verstärken.[106]
Dieses einheitliche Wahlrecht wäre zudem eine verstärkte Stütze der Demokratisierung der gesamten Europäischen Union.[107]

Zurzeit herrscht bei den Wahlen zum Europäischen Parlament eher ein Konvolut aus verschiedensten Systemen der einzelnen Mitgliedsstaaten.[108]
So werden zwar in allen Ländern der Europäischen Union allgemeine und direkte Wahlen abgehalten. Dies geschieht jedoch z.B. in Belgien, Frankreich, Italien, Polen und Großbritannien auf regionaler, in Dänemark, Luxemburg, Österreich, Spanien, Tschechien und vielen weiteren Staaten auf

---

105 de Winter/Swyngedouw, S. 47 ff.
106 BVerfGE 1989, S. 155 (S. 186).
107 Phlilipp, EuZW 1999, S. 161 (S. 161).
108 Akt zur Einführung allgemeiner unmittelbarer Wahlen der Abgeordneten Versammlung, Abl. EG L 278 vom 20.09.1976.

nationaler Ebene und in Deutschland nach einem gemischten System. Zudem herrscht in Belgien, Griechenland, Luxemburg und Zypern bei den Wahlen eine Wahlpflicht.[109]

Ein einheitliches Wahlrecht würde die Ungleichbehandlung der Stimmen für kleinere Parteien minimieren, da man dann allenfalls einheitliche Sperrklauseln einführen könnte. Dies würde zugleich die Ungleichbehandlung bei der Finanzierungsfrage der europäischen Parteien klären, da dann die Stimmen in den Ländern, in denen die nationale Mitgliedspartei einer kleineren europäischen Partei den Sprung ins Parlament nicht geschafft hat, nicht unter den Tisch fallen würden bei der Berechnung der Bezuschussung nach den Sitzen im Europäischen Parlament.
Zudem könnte ein einheitliches Wahlrecht die Ausstattung der europäischen Parteien mit der direkten Möglichkeit der Personalrekrutierung ermöglichen und somit die Stellung der europäischen Partei gegenüber ihren nationalen Pendants anheben.
Zusätzlich könnte man die Besetzung der Kommission, als vorwiegendes Exekutivorgan der Europäischen Union verstärkt an den Ergebnissen der Wahlen zum Europäischen Parlament orientieren.
So könnten die europäischen Parteien als Spitzenkandidaten stets ihren Anwärter für das Amt des Kommissionspräsidenten benennen. Dies hätte zudem den gewollten Nebeneffekt, dass es zu einer Europäisierung der Wahlkämpfe zum Europäischen Parlament kommen würde.[110]

Wie sich die Stellung der europäischen Parteien im Einzelnen entwickeln wird, bleibt aber noch abzuwarten. Zumindest hat jedoch das Europäische Parlament am 23. März 2006 eine Entschließung angenommen, in der die Kommission aufgefordert wird, einen Entwurf für ein Parteienstatut dem Parlament und dem Rat zur Entscheidung vorzulegen.[111] In diesem sollen die Arbeitsweise und die Funktionsfähigkeit einer europäischen Partei, verbunden mit deren Aufgaben und der Mitgliedschaft, festgelegt werden.

---

109 Europäisches Parlament, S.7.

110 Phlilipp, EuZW 1999, S. 161 (S. 161);
Leinen, Integration 2006, S. 231 (S. 231 ff).

111 Entschließung des Europäischen Parlaments zu Europäischen Politischen Parteien (2005/2224 (INI)) vom 23.03.2006.

Abschließend ist meines Erachtens festzustellen, dass die europäischen politischen Parteien nicht nur dazu geeignet sind, sondern sogar als einziges wahres Mittel dazu erforderlich sind, ein eigenes europäisches Bewusstsein der Bürger auszubilden. Weitergehend könnte man sagen, dass die europäischen Parteien zur Entstehung eines eigenen europäischen Volkes beitragen.[112]

Zumindest jedoch sind die europäischen Parteien als Mittler zwischen der Europäischen Union bzw. ihren institutionellen Organen und uns, den Bürgern Europas, zu sehen, welche es ermöglichen uns den europäischen Gedanken näher zu bringen.

112 Kaufmann-Bühler in Lenz, Art. 191 EGV Rn. 2.

Literaturverzeichnis

von Alemann, Ulrich	Das Parteiensystem der Bundesrepublik Deutschland, 3. Auflage, Bonn, 2000 (zit. von Alemann)
Amt für amtliche Veröffentlichungen der Europäischen Gemeinschaften (Hg.)	Eine Verfassung für Europa, Luxemburg, 2004 (zit. Amt für amtliche Veröffentlichungen der EG)
von Arnim, Hans Herbert	Die neue EU-Parteienfinanzierung – in Neue Juristische Wochenschrift (zit. von Arnim, NJW 2005 S. 247)
Attinà, Fulvio	The voting behaviour of the European Parliament Members and the problem of the Europarties – in European Journal of Political Research (zit. Attinà, EJPR 1990, S. 557)
Badura, Peter	Staatsrecht: Systematische Erläuterung des Grundgesetzes für die Bundesrepublik Deutschland, 3. Auflage München 2003 (zit. Badura)

Bleckmann, Albert	Politische Aspekte der europäischen Integration unter dem Vorzeichen des Binnenmarktes 1992 – in Zeitschrift für Rechtspolitik (zit. Bleckmann, ZRP 1990, S. 265)
Deinzer, Gerold	Europäische Parteien: Begriff und Funktion in einem europäischen Integrationsensemble, 1. Auflage, Baden-Baden 1999 (zit. Deinzer)
Dietz, Thomas	Die grenzüberschreitende Interaktion grüner Parteien in Europa, Opladen 1997 (zit. Dietz)
Europäisches Parlament (Hg.)	Das Europäische Parlament, Brüssel 2004 (zit. Europäisches Parlament)
EVP-ED Fraktion (Hg.)	Prioritäten der EVP-ED Fraktion für 2004-2009, Brüssel 2004 (zit. EVP-ED Fraktion)

Geerlings, Jörg | Das Statut der europäischen Parteien – Neuerungen im europäischen Parteienrecht nach dem Vertrag von Nizza – in Recht und Politik
(zit. Geerlings, RuP 2004, S. 38)

Grimm, Dieter | Braucht Europa eine Verfassung? – in Juristen Zeitung
(zit. Grimm, JZ 1995, S. 581)

von der Groeben, Hans
Schwarze, Jürgen
(Hg.) | Kommentar zum Vertrag über die Europäische Union und zur Gründung der Europäischen Gemeinschaft, Bd. 4 Art. 189-314 EGV, 6. Auflage
Baden-Baden 2004
(zit. Bearbeiter in von der Groeben/Schwarze Art.)

Gröne, Detlev | Die Europäische Politische Zusammenarbeit (EPZ 1970-1991): Entwicklung, Struktur und Rechtswirkungen,
Rheinfelden 1993
(zit. Gröne)

Haas, Ernst B. | The Uniting of Europe: Political, social and economical forces 1950-1957,
Notre Dame, Indiana 2004
(zit. Haas)

Hahn, Karl-Josef
Fugmann, Friedrich

Die europäische christlich-demokratische Union zwischen europäischem Anspruch und nationalen Realitäten – in Institut für Europäische Politik (Hg.), Zusammenarbeit der Parteien in Westeuropa: Auf dem Weg zu einer neuen politischen Infrastruktur?,
Bonn 1976, S. 251 ff.
(zit. Hahn/Fugmann)

Hesse, Konrad

Grundzüge des Verfassungsrecht der Bundesrepublik Deutschland, 20. Auflage,
Heidelberg 1999
(zit. Hesse)

Hix, Simon

The Political System of the European Union, 2. Auflage,
Basingstoke 2005
(zit. Hix)

Hix, Simon
Lord, Christopher

Political Parties in the European Union,
Basingstoke 1997
(zit. Hix/Lord)

Hrbek, Rudolf

Das Europäische Parlament nach der Direktwahl 1989 - Reduzierte Handlungsfähigkeit durch größere Vielfalt? – in Integration
(zit. Hrbek, Integration 1989, S. 107)

Hrbek, Rudolf

Der Vertrag von Maastricht und das Demokratiedefizit der Europäischen Union - Auf dem Weg zu stärkerer demokratischer Legitimation? – in Randelzhofer/Scholz/Wilke (Hg.), Gedächtnisschrift für Eberhard Grabitz
München 1995, S. 171 ff.
(zit. Hrbek, Der Vertrag von Maastricht und das Demokratiedefizit der Europäischen Union)

Hrbek, Rudolf

Europäische Parteienföderationen – in Dieter Nohlen (Hg.), Piepers Wörterbuch zur Politik Bd. 3: Europäische Gemeinschaft,
München 1984, S. 221 ff.
(zit. Hrbek, Europäische Parteienföderationen)

Hrbek, Rudolf

Die direkte Wahl zum Europäischen Parlament und die politischen Parteien in der Europäischen Gemeinschaft – in Institut für Europäische Politik (Hg.), Materialien zur Europapolitik, Bd. 2: Die europäischen Parteien,
Bonn 1977, S. 105 ff.
(zit. Hrbek, Die direkte Wahl zum Europäischen Parlament und die politischen Parteien in der Europäischen Gemeinschaft)

Hrbek, Rudolf

Parteibünde: Unterbau der EP-Fraktionen und unverzichtbares Element einer funktionsfähigen Infrastruktur der EG – in Zeitschrift für Parlamentsfragen
(zit. Hrbek, ZParl 1976, S. 179)

Hrbek, Rudolf Eine neue politische Infrastruktur? Zum Problem transnationaler Kooperation und Koalition politischer Parteien in der EG – in Institut für Europäische Politik (Hg.), Zusammenarbeit der Parteien in Westeuropa: Auf dem Weg zu einer neuen politischen Infrastruktur?,
Bonn 1976, S. 341 ff.
(zit. Hrbek, Eine neue politische Infrastruktur?)

Ipsen, Hans-Peter Europäisches Gemeinschaftsrecht,
Tübingen 1972
(zit. Ipsen, Europäisches Gemeinschaftsrecht)

Ipsen, Hans-Peter Über Supranationalität – in Horst Ehmke (Hg.), Festschrift für Ulrich Scheuner zum 70. Geburtstag,
Berlin 1973, S. 211 ff.
(zit. Ipsen, Über Supranationalität)

Jansen, Thomas Die Entstehung einer Europäischen Partei: Vorgeschichte, Gründung und Entwicklung der EVP,
Bonn 1996
(zit. Jansen, Die Entstehung einer Europäischen Partei)

Jansen, Thomas Zur Entwicklung supranationaler europäischer Parteien – in Gabriel/Sarcinelli/Sutor/Vogel (Hg.), Der demokratische Verfassungsstaat: Theorie, Geschichte, Probleme; Festschrift für Hans Buchheim zum 70. Geburtstag, München 1992, S. 241 ff.
(zit. Jansen, Zur Entwicklung supranationaler europäischer Parteien)

Jansen, Thomas Die Europäischen Parteien – in Weidenfeld/Wessels (Hg.), Jahrbuch der europäischen Integration 1994/95, Bonn 1995, S. 255 ff.
(zit. Jansen, Die europäischen Parteien)

Jasmut, Gunter Die politischen Parteien und die europäische Integration: Der Beitrag der Parteien zur demokratischen Willensbildung in europäischen Angelegenheiten,
Frankfurt a. M. 1995
(zit. Jasmut)

Kluth, Winfried Die demokratische Legitimation der Europäischen Union: Eine Analyse der These vom Demokratiedefizit der Europäischen Union aus gemeineuropäischer Verfassungsperspektive
Berlin 1995
(zit. Kluth)

Lange, Christian
Schütz, Charlotte

Grundstrukturen des Rechts der europäischen politischen Parteien i.S.d. Art. 138a EGV – in Europäische Grundrechte-Zeitschrift
(zit. Lange/Schütz, EuGRZ 1996, S. 299)

Lehmann, Wilhelm

Statut et financement des partis politiques européens, Luxemburg 2003
(zit. Lehmann)

Leinen, Jo

Europäische Parteien: Aufbruch in eine neue demokratische EU – in Integration
(zit. Leinen, Integration 2006, S. 231)

Lenz, Carl Otto
(Hg.)

EU- und EG-Vertrag: Kommentar zu dem Vertrag über die Europäische Union und zu dem Vertrag zur Gründung der Europäischen Gemeinschaften, jeweils in der durch den Vertrag von Nizza geänderten Fassung, 3. Auflage
Köln 2003
(zit. Bearbeiter in Lenz, Art.)

Lin, Ming-Yih

Die Parteienzusammenschlüsse in der EG: Auf dem Weg zu einem europäischen Parteiensystem?,
Saarbrücken 1983
(zit. Lin)

Lohmar, Ulrich Innerparteiliche Demokratie – Eine Untersuchung der Verfassungswirklichkeit politischer Parteien in der Bundesrepublik Deutschland
Stuttgart, 1963
(zit. Lohmar)

Löffler, Klaus Europäisches Parlament Bürger-Handbuch
Berlin 2006
(zit. Löffler, Europäisches Parlament Bürger-Handbuch)

Löffler, Klaus Europa 2006 Wissen-Verstehen-Mitreden
Berlin 2006
(zit. Löffler, Europa 2006 Wissen-Verstehen-Mitreden)

Magiera, Siegfried Organisationsformen der politischen Parteien auf Gemeinschaftsebene und ihre Funktion bei der politischen Willensbildung – in Europarecht
(zit. Magiera, EuR 1978, S. 311 ff)

Neßler, Volker Europäische Willensbildung: Die Fraktionen im Europäischen Parlament zwischen nationalen Interessen, Parteipolitik und europäischer Integration,
Schwalbach/Ts. 1997
(zit. Neßler, Europäische Willensbildung)

Neßler, Volker	Deutsche und europäische Parteien – in Europäische Grundrechte-Zeitschrift (zit. Neßler, EuGRZ 1998, S. 191).
Nohlen, Dieter **Schultze, Rainer-Olaf**	Das Lexikon der Politikwissenschaft – Theorien, Methoden, Begriffe München, 2002 (zit. Nohlen/Schultze)
Niedermeyer, Oskar	Europäische Parteien? Zur grenzüberschreitenden Interaktion politischer Parteien im Rahmen der Europäischen Gemeinschaft, Frankfurt a. M. 1983 (zit. Niedermeyer)
Papadopoulou, Triantafillia	Politische Parteien auf europäischer Ebene, 1. Auflage, Baden-Baden 1999 (zit. Papadopoulou)
Philipp, Otmar	Plädoyer für eine Europäisierung der Europawahlen – in Europäische Zeitschrift für Wirtschaftsrecht (zit. Philipp, EuZW 1999, S. 161)

Poguntke, Thomas
Pütz, Christine

Parteien in der Europäischen Union: Zu den Entwicklungschancen der Europarteien – in Zeitschrift für Parlamentsfragen
(zit. Poguntke/Pütz, ZParl 2006, S. 334)

Reif, Karl-Heinz
Schmitt, Hermann

Nine national second-order elections: A systematic framework for the analysis of European election results – in European Journal of Political Research
(zit. Reif/Schmitt, EJPR, 1980, S. 3)

Rutschke, Gabriele

Die Mitwirkung der Fraktionen bei der parlamentarischen Willensbildung im Europäischen Parlament im Vergleich zu den Parlamenten der Mitgliedsstaaten,
Frankfurt a. M. 1986
(zit. Rutschke)

Schmuck, Otto

Neue Ergebnisse der Europäischen Parteienforschung – in Integration
(zit. Schmuck, Integration 1983, S. 85)

Seidel, Martin

Zur Verfassung der Europäischen Gemeinschaft nach Maastricht – in Europarecht
(zit. Seidel, EuR 1992, S. 125)

Seifert, Karl-Heinz	Die politischen Parteien im Recht der Bundesrepublik Deutschland, Köln 1975 (zit. Seifert)
Stentzel, Rainer	Der normative Gehalt des Art. 138a EGV - Rechtlicher Grundstein eines europäischen Parteiensystems? – in Europarecht (zit. Stentzel, EuR 1997, S. 174)
Tsatsos, Dimitris Th.	Europäische Politische Parteien: Dokumentation einer Hoffnung, 1. Auflage, Baden-Baden 1998 (zit. Tsatsos, Europäische Politische Parteien)
Tsatsos, Dimitris Th.	Europäische politische Parteien? Erste Überlegungen zur Ausgestaltung des Parteienartikels des Maastrichter Vertrages - Art. 138a EGV – in Europäische Grundrechte-Zeitschrift (zit. Tsatsos, EuGRZ 1994, S. 45)
Tsatsos, Dimitris Th. (Hg.)	Parteienrecht im europäischen Vergleich, 1. Auflage, Baden-Baden 1990 (zit. Bearbeiter in Tsatsos)

Ungerer, Werner
Monar, Joerg

Die Europäischen Gemeinschaften auf dem Weg zur Europäischen Union - Entwicklungen und Institutionen – in Lenz (Hg.), EG-Handbuch Recht im Binnenmarkt
Herne 1994
(zit. Ungerer/Monar)

Valdés, Blanco Roberto

Los partidos políticos,
Madrid 1990
(zit. Valdés)

de Winter, Lieven
Swyngedouw, Marc C.

The Scope of EU Government – in Schmitt/Thomassen (Hg.), Political Representation and Legitimacy in the European Union, Oxford 1999, S. 47 ff
(zit. de Winter/Swyngedouw)

Verzeichnis der Internetquellen

Homepage der EVP	- http://www.epp.eu.
Homepage der EVP-ED Fraktion	- http://www.epp-ed.eu.
Homepage der ED Gruppe	- http://www.epped.eu/europeandemocrats.
Homepage der SPE	- http://www.pes.org.
Homepage der SPE Fraktion	- http://www.socialistgroup.org.
Homepage der ELDR	- http://www.eldr.org.
Homepage EDP	- http://www.pde-edp.net.
Homepage der ALDE Fraktion	- http://alde.europarl.europa..eu.
Homepage der EGP	- http://www.europeangreens.org.
Homepage der EFA	- http://www.e-f-a.org.
Homepage der Grüne/EFA Fraktion	- http://www.greens-efa.org.
Homepage der EL	- http://www.european-left.org.
Homepage der KVEL/NGL Fraktion	- http://www.guengl.org.
Homepage der AEN	- http://www.aensite.org.
Homepage der UEN Fraktion	- http://www.uengroup.org.
Homepage der IND/DEM Fraktion	- http://indemgroup.org.
Homepage des Europäischen Parlaments	- http://www.europarl.europa.eu.

Zeitfracht Medien GmbH
Ferdinand-Jühlke-Straße 7
99095 Erfurt, Deutschland
produktsicherheit@kolibri360.de